Felices sueños

«Humana, sensible, dirigida a los bebés, es toda una novedad encontrarse con un método para cuidar a los bebés y a los niños con cariño que no requiera conocimientos técnicos sobre su educación. *Felices sueños* está escrito de manera familiar y agradable, teniendo siempre en cuenta que cada niño es único y distinto a los demás».

James J. MCKenna, Ph. D., Director del Mother Baby Behavioral Sleep Center, *Universidad de Notre Dame*

«Una respuesta inteligente a las plegarias de los padres cansados de no poder dormir. Al fin contamos con una solución a los problemas de sueño que resulta agradable, afectuosa y efectiva. Elizabeth Pantley enseña a los padres a conseguir, sin las restricciones de otros métodos, que la experiencia nocturna sea agradable. *Felices sueños* debería formar parte de cada clase para prenatales y bebés».

Nancy Eggleston, Productora de la comunidad StorkNet.com

«Ofrece un equilibrio perfecto entre el reconocimiento del motivo del llanto de los niños y del cansancio real de los padres. Los padres confirmarán sus sospechas de que no debemos ignorar el llanto de los bebés y asumirán que son capaces de hacerles dormir».

Michael Trout, Director de The Infant-Parent Institute

«Por fin tenemos un libro sensible que trata sobre un tema también sensible: cómo hacer que los bebés duerman sin tener que optar por el método de dejarles llorar. Si eres uno de esos padres que están zombies durante el día tras haber pasado varias noches sin pegar ojo, o si simplemente quieres evitar que te ocurra esto, debes leerte este libro. Ofrece soluciones prácticas a una de las situaciones más confusas y desafiantes a las que se enfrentan los padres».

Tricia Jalbert y Macall Gordon, Editores ejecutivos de Attachment Parenting International

«Siempre me ha molestado el hecho de que todos los métodos para ayudar a dormir diseñados por los expertos eran crueles para los bebés. Elizabeth Pantley ha contestado a las plegarias de los padres con problemas de sueño de todo el mundo ofreciéndonos un método sensible y afectuoso que funciona perfectamente. A todos los padres cansados de no dormir: Este es el libro con el que soñáis».

Gaye E. Ward, Fundador de la Gayesy´s Attachment Parenting

«¡Por fin! Un libro que ayuda a que los padres enseñen a sus bebés a dormir mejor con mucho cariño. Las técnicas y métodos de Elizabeth son una forma excelente de estimular a los niños para que tengan un horario de sueño saludable. Este fantástico libro está destinado a todo el mundo, sea cual sea el estilo de familia, la forma de alimentarse o el patrón de sueño».

Tammy Frissel-Deppe, Autor de Every Parent´s Guide to Attachement Parenting, *GetAttached.com*

«Con un lenguaje claro, sin preámbulos ni rodeos, puedes disfrutar de este libro que, además, te puede resultar muy útil. El fuerte lazo que desarrollarás al pasar largas noches en vela con tu bebé y la visión que adquirirás al seguir el programa de Elizabeth Pantley te ayudarán a influir positivamente en el desarrollo de tu hijo».

Richard Rubin, Editor de Baby-Place.com

«Por fin, una respuesta agradable y cariñosa a los trastornos de sueño de los bebés. Las sugerencias de Elizabeth Pantley no sólo tienen sentido sino que además funcionan. En esta guía práctica y positiva, la autora te muestra que al comprender las necesidades innatas de tu bebé y aprender las respuestas podrás conseguir el descanso que necesitas».

Nancy Price, Cofundadora de Myria Network: Myria.com, ePregnancy.com, GeoParent.com

«Tanto si el bebé duerme en una cuna como si duerme en la cama con los padres, *Felices sueños* está lleno de ideas sensatas, que estimulan, ayudan y respetan las necesidades de los bebés y de los padres. Este libro refleja el hecho de que cada familia es única y requiere algo más que una solución a los trastornos del sueño que venga bien a todos. Los padres podrán disfrutar de las visiones y experiencias familiares de la autora».

Judy Arnall, Fundadora de la Whole Family Attachment Parenting Association

«¡Por fin un libro que no es cruel para los bebés y cubre la necesidad de dormir de las madres! Elizabeth Pantley ha diseñado el plan perfecto que es agradable tanto para los bebés como para sus madres y al que cualquier padre y familia se pueden adaptar según sus necesidades».

Maribeth Doerr, Creador y Editor Jefe de StorkNet.com

«Al seguir los pasos que aparecen en este libro, experimenté una enorme mejora en pocos días. Noche a noche voy consiguiendo más horas de sueño de las que había logrado en los últimos años y lo mejor de todo es que no hay llantos».

Becky, madre de Melissa, 13 meses, Wisconsin

«*Felices sueños* ha pasado la prueba final: ayudar a que mis gemelos, que se despertaban continuamente, duerman mucho mejor».

Alice, madre de los gemelos Rebecca y Thomas, 10 meses, Dublín, Irlanda

«Como con mi hija mayor tuve que emplear el método de dejarla llorar para que durmiera, al principio era bastante escéptica con este método sin llanto. Sin embargo, tengo que reconocer que funciona. Dylan no lloró nunca mientras le enseñaba a dormir».

Alison, madre de Dylan, 5 meses, y Aislinn, 8 años, California

Felices sueños

Elizabeth Pantley

TRADUCCIÓN
Esther Serrano Jurado para Grupo ROS

REVISIÓN
Grupo ROS

MADRID ● BUENOS AIRES ● CARACAS ● GUATEMALA ● LISBOA
MÉXICO ● NUEVA YORK ● PANAMÁ ● SAN JUAN ● SANTAFÉ DE BOGOTÁ
SANTIAGO ● SAO PAULO ● AUCKLAND ● HAMBURGO ● LONDRES ● MILÁN
MONTREAL ● NUEVA DELHI ● PARÍS ● SAN FRANCISCO ● SIDNEY ● SINGAPUR
ST. LOUIS ● TOKIO ● TORONTO

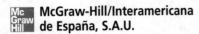
FELICES SUEÑOS

McGraw-Hill/Interamericana de España, S.A.U.

DERECHOS RESERVADOS © 2002, respecto a la primera edición en español, por

McGRAW-HILL/INTERAMERICANA DE ESPAÑA, S.A.U.
Edificio Valrealty, 1ª planta. C/ Basauri, 17
28023 Aravaca (Madrid)
www.mcgraw-hill.es
profesional@mcgraw-hill.com

Traducido de la primera edición en inglés de
THE NO-CRY SLEEP SOLUTION
ISBN: 0-07-138139-2

Copyright de la edición original en lengua inglesa © 2002 por Better Beginnings, Inc.

ISBN: 84-481-3735-3
Depósito legal: M. 37.756-2002

Editora: Mercedes Rico Grau
Diseño de cubierta e interiores: DIMA
Compuesto en Grupo ROS
Copyright ilustración interior: Agustín Garriga Botello

Impreso en Fareso, S.A.

IMPRESO EN ESPAÑA - PRINTED IN SPAIN

Este libro está dedicado a mi esposo Robert, por todas las cosas que ha hecho como padre de nuestros hijos, cosas que a veces parecen insignificantes pero que son parte muy importante de nuestra vida y las guardo con cariño en mi corazón. Este libro es para ti por:

Envolver a nuestra primogénita, Angela, en sus primeros pañales. Tu delicadeza al hacerlo me hace acordarme de ese día como uno de los mejores recuerdos de mis inicios como madre.

Llevar a nuestra recién nacida Vanessa en cabestrillo mientras comprábamos en el supermercado. Por ponerle la mano debajo de su pequeño cuerpecito mientras caminabais; por decirle cositas; y por esa ternura y orgullo que se reflejaba en tus ojos cuando la mirabas.

Cantar a David todas aquellas canciones tontas que le hacían reír y cantárselas con el mismo entusiasmo la primera vez que la décima.

Mecer a Coleton cuando era bebé para que se durmiese aunque se te durmiesen los brazos antes que él. No haber ignorado nunca a tus pequeños cuando te llamaban «Papá» sin importar lo ocupado que estuvieses.

Entrenar a nuestros hijos y a otros niños en los partidos con mucho cariño. No puedo olvidarme del día en que la lanzadora del equipo contrario de béisbol se echó a llorar y tú te acercaste a ella con un pañuelo de papel y le pusiste la mano en el hombro animándola a que terminase el partido.

Ayudar a nuestros hijos en sus estudios, con ese perfecto equilibrio entre seriedad (aquellas reuniones para definir los objetivos) y diversión (ayudarles con las tareas del cole mientras que comíais palomitas viendo un partido de béisbol de los Mariners).

Invitar a todos los amigos de nuestros hijos a casa. Y cuando esta invitación se trataba del equipo entero de béisbol, por quedarte levantado hasta tarde con ellos para que yo me pudiese acostar temprano.

Enseñar lo importante que es pensar en la abuela, cuidarla y abrazarla, por sorprenderla cuando más lo necesita y darle las gracias por todo lo que hace (sea más grande o más pequeño).

Revelar a nuestros hijos los secretos de un matrimonio largo y duradero (confianza, honestidad, respeto, afecto) para que nos imiten y tengan unos matrimonios felices cuando sean mayores.

Comprender que el ritual de la hora de ir a la cama de nuestro bebé está por encima de las fiestas con los amigos, que hacer una trenza es tan importante como llegar al campo a la hora, que salir los domingos por la mañana a desayunar con papá es un factor imprescindible para poder tener una infancia feliz y que una puerta cerrada en la habitación de un adolescente a veces representa más una invitación que una puerta abierta.

Reconocer que PAPÁ es la forma de llamarte más importante en estos momentos y quizá para siempre.

Índice

Prefacio

El sueño, o mejor dicho la falta de éste, es uno de los aspectos que más preocupan a los padres durante los primeros años de vida de su bebé. El mayor obstáculo que deben sobrepasar es conseguir que el niño duerma durante toda la noche. Los padres que son conscientes de las necesidades de su bebé suelen ser reacios a probar cualquier método que haga llorar a su bebé, por lo que en muchas ocasiones tienen que pasar las noches en vela.

Esta concepción del progenitor como mártir nocturno a menudo conduce a la frustración y al resentimiento, lo que llevará a su vez a sentimientos de culpabilidad innecesarios que ensombrecerán la alegría de la llegada del nuevo bebé a la familia. Esta falta de sueño hace que en una etapa en la que los padres deberían disfrutar de la alegría de tener un bebé, suceda lo contrario.

Siempre he pensado que sería maravilloso tener una fórmula mágica que sirviese para ayudar a los padres a que duerman a sus bebés. Elizabeth Pantley ha dado con esa fórmula en *Felices sueños*.

Lo fascinante de este libro es que los padres pueden crear su propio plan de sueño teniendo en cuenta sus necesidades y las de su bebé. Tienen la oportunidad de elegir entre una amplia gama de soluciones sensatas y sensibles que respetan tanto al bebé como al padre, consiguiendo un equilibrio entre las necesidades nocturnas del bebé y la necesidad de dormir durante una noche completa que tienen los padres. Las ideas parten del concepto de que durante sus primeros años de vida es cuando los padres tienen que ayudar a sus hijos a que desarrollen una actitud de sueño saludable y a que consideren el sueño como un estado necesario y confortable al que no se debe tener miedo.

Lo más seguro es que hayas elegido este libro porque tu bebé te tiene en vela toda la noche. Tu falta de sueño probablemente esté afectando a tu capacidad de funcionar plenamente durante el día. Elizabeth Pantley, por su experiencia como madre de cuatro hijos, comprende tu situación actual ya que ella la ha vivido en el pasado. Ha escrito un libro fácil de leer, sin complicaciones. Los pasos que se deben seguir están tan claramente definidos que incluso una persona completamente exhausta por su falta de sueño podría seguirlos sin ningún problema.

En definitiva, me gustaría decir que he encontrado un libro que puedo recomendar a los padres con la seguridad de que puede ayudarles a que sus bebés duerman durante toda la noche sin derramar una lágrima.

William Sears. M.D.

Nota de la autora, Elizabeth Pantley

El Dr. Sears siempre ha sido mi héroe. Sus libros me guiaron hace catorce años, cuando era una madre primeriza sin experiencia. Su sabiduría y sus conocimientos me ayudaron a aprender lo que realmente significa ser padre y su agradable visión del tema me enseñó a alcanzar el éxito en esta tarea. Es todo un honor para mí que el Dr. Sears considere que mis libros pueden ser tan útiles para los padres, hasta el punto de que desee escribir un prefacio para cada uno de ellos. Creo que la mayoría de los padres han oído hablar del Dr. Sears y los que no lo han hecho, deberían.

El Dr. Sears es uno de los pediatras más reconocidos y respetados de EE.UU., Profesor Asociado de Pediatría en la Facultad de Medicina de la Universidad de California. Es experto en Pediatría para padres de la empresa Parenting.com, además de poseer su propio sitio Web: AskDrSears.com. Él y su esposa, Martha Sears, R.N., son padres de ocho hijos y abuelos de cuatro. Suelen aparecer con frecuencia en los medios de comunicación y en la televisión nacional y son autores y colaboradores de treinta libros para padres que recomiendo. Entre sus obras se encuentran libros como *Los 25 principios de la nueva madre* (Ediciones Medici, 1998) o *El niño desde el nacimiento hasta los tres años* (Ediciones Urano, 1993).

Agradecimientos

Estoy muy agradecida por el apoyo recibido de muchas personas, las cuales han hecho posible la creación de este libro, y me gustaría expresar mi más sincero agradecimiento a:

Judith McCarthy de McGraw-Hill/Contemporary Books, por tu apoyo incondicional y tus consejos.

Meredith Bernstein de Meredith Bernstein Literary Agency, Nueva York, por tu entusiasmo y capacidad para conseguir los objetivos.

Vanessa Sands, por compartir tus opiniones, talento y amistad.

Pia Davis, Christine Galloway y Kim Crowder, por compartir conmigo vuestras experiencias como madres del estudio.

Mis madres de prueba: Alice, Alison, Amber, Andrea, Ann, Annette, Becca, Becky, Bilquis, Carol, Caryn, Christine C., Christine Ga., Christine GR., Cincy, Dana, Dayna, Deirdre, Diane, Elaine, Elvina, Emily, Gloria, Jenn, Jenny, Jessie, Jill, Julie, Kari, Kelly, Kim, Kristene, Lauren, Lesa B., Leesa H., Lisa Ab., Lisa As., Lisa G., Lorelie, Marsha, Melanie, Neela, Pan, Penny, Pia, Rene, Robin, Sandy, Shannon R., Shannon J., Sharon, Shay, Staci, Susan, Suzanne, Tammy, Tanya, Tina, Victoria y Yelena, por vuestras preguntas y comentarios. Dadles un abrazo a vuestros bebés de mi parte.

Judy Arnall, Maribeth Doerr, Nancy Eggleston, Tammy Frissel-Deppe, Macall Gordon, Tricia Jalbert, Dr. James J. McKenna, Nancy Price, Richard Rubin, Michael Trout y Gaye E. Ward, por vuestro entusiasmo, apoyo y ánimo.

Dolores Feldman, mi mamá, por estar siempre ahí; te quiero.

Este libro está pensado para ofrecer una gran variedad de ideas y sugerencias a padres y cuidadores. Somos conscientes de que su venta y distribución se realizan sin que el autor o el editor pretendan prestar ningún servicio médico, psicológico ni profesional. El autor no es médico ni psicólogo y la información que aparece en este libro está basada en su opinión personal, a menos que se indique lo contrario. Este material no presenta garantías de ningún tipo, explícitas o implícitas, incluyendo las garantías implícitas de comerciabilidad o adaptabilidad para un propósito en particular pero sin limitarse a ellas. No se pueden abarcar todas las posibilidades en cada respuesta, por lo que el lector debería consultar a un profesional para tratar sus problemas concretos. Los lectores deben realizar todas las revisiones periódicas de sus bebés y consultar a un profesional sobre el síndrome de muerte súbita del lactante para reducir el riesgo de padecerla. La *U.S. Consumer Product Safety Commission* no recomienda dormir con un bebé, pero a pesar de esto muchos padres lo hacen. La lista de medidas de seguridad y referencias acerca de dormir con tu hijo que aparece en este libro no ha sido elaborada con la intención de que la consideres aceptable o no, sino con el propósito de ofrecer información a aquellos padres que, después de investigar sobre este asunto, deseen compartir la cama con su bebé. Este libro no se debe considerar como un sustituto de la ayuda profesional.

Introducción

¿Se corresponde tu bebé con alguna de estas descripciones?:

- Tarda mucho tiempo en quedarse dormido.

- Mi bebé sólo se queda dormido cuando toma el pecho o el biberón, le pongo el chupete, le mezo, le tomo en brazos, le balanceo o le llevo a dar un paseo en el cochecito.

- Mi bebé se despierta con frecuencia por la noche.

- Mi bebé no suele dormir la siesta y, cuando lo hace, duerme muy poco.

¿Alguna de estas descripciones se corresponde contigo?:

- Necesito urgentemente que mi bebé duerma mejor.

- No puedo, ni quiero, dejar que mi bebé llore.

Si es así, éste es el libro que necesitas, ya que explica los pasos que debes dar para ayudar a tu bebé a que duerma plácidamente durante toda la noche.

Así que presta mucha atención, sírvete una taza de café y déjame que te explique qué debes hacer para que tu bebé y tú podáis dormir mejor.

Me imagino que te preguntarás: ¿Cómo es que sé tanto sobre los niños y su sueño? Como madre, me siento orgullosa de tener cuatro hijos que son lo más importante en mi vida. Primero tuve una niña, Angela, que ahora tiene catorce años. Tengo el gusto, por tanto, de ser madre de una adolescente. Poco después llegó Vanessa, que hoy tiene doce años y, a continuación, David, de diez años. Finalmente nació nuestro pequeño Coleton, que hoy tiene dos años. Mi pequeño tesoro, Coleton, me trajo los recuerdos de todas las maravillas que adoro de los bebés y también me hizo recordar que, al mismo tiempo que los bebés, llegan las noches sin dormir.

En el caso de dos de mis hijos yo no habría necesitado este libro: David tenía un patrón de sueño tan estable que apenas recuerdo esos momentos de nuestras vidas. Vanessa pertenecía a ese extraño grupo de bebés que, a las seis semanas de edad, duermen 10 horas seguidas durante la noche. Yo misma no me lo podría creer si no fuese porque lo escribí en su libro de bebé. Sin embargo, la mayor y el pequeño fueron bebés que se despertaban frecuentemente. Mientras intentaba convencer a Coleton para que se acostase y durmiera durante toda la noche, descubrí muchas soluciones prácticas a mi problema. Como autora y educadora de padres, tengo el gusto de compartirlas contigo, con la esperanza de que si las pones en práctica te ayudarán a dormir mejor.

Cómo te ayudará este libro

A lo largo de muchos años de investigación y experiencia personal, he logrado acumular y organizar una gran cantidad de ideas en torno a lo que yo llamo el método *Felices sueños*. Se trata de un plan de diez pasos para ayudar a tu bebé a que duerma durante toda la noche. No se trata de un proceso rígido y desagradable, ni tampoco implica dejar a tu bebé que llore ni siquiera durante un minuto. Por el contrario, se trata de un plan personalizado que podrás crear según las necesidades de tu familia basándote en las ideas e investigaciones que te presentaré, todo ello de un modo fácil y sencillo de llevar a cabo. Es un método agradable a la vez que efectivo. Antes de nada te contaré qué me impulsó a escribir este libro.

Hace catorce años, cuando nació mi pequeña Angela, me encontraba en tu misma situación. No dormía en toda la noche; mi hija se despertaba cada dos horas requiriendo mi atención. Como cualquier padre primerizo e inexperto hace en estos casos, me documenté e intenté buscar soluciones en varios libros, artículos y conversaciones sobre el tema con otros padres.

Enseguida descubrí dos corrientes de pensamiento relacionadas con este asunto. Una de ellas defiende que hay que dejar llorar al niño hasta que aprenda a quedarse dormido por sí solo. La otra afirma que lo natural es que los bebés se despierten por la noche y que, por ello, es obligación de los padres cuidar al niño día y noche.

En resumen, los dos métodos se pueden resumir en «déjale llorar» y «aguántate». A mí no me convencían ninguno de los dos; sabía que debía haber un método más agradable, a medio camino entre estas dos teorías que nos sirvieran a mí y a mi bebé.

En aquellos años, después de mi investigación sobre los bebés y sus necesidades, empecé a sentirme culpable y egoísta por el deseo de que mi bebé

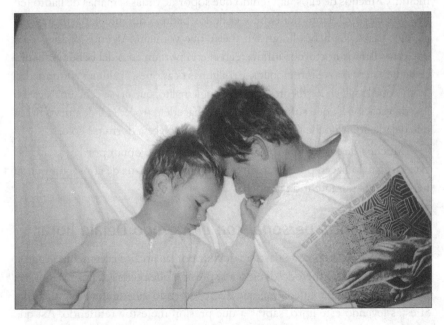

Coleton, dieciocho meses, y David, nueve años

durmiese durante una noche entera sin interrupciones. Eran dos sentimientos contradictorios; por un lado era consciente de las necesidades nocturnas de Angela, por otro, me sentía agotada por las obligaciones maternales que me mantenían ocupada durante todo el día.

Con el paso del tiempo, mi pequeña empezó a dormir toda la noche, pero esto no ocurrió hasta que tuvo dos años.

Déjale llorar

Los defensores del método *Déjale llorar* lo hacen parecer muy sencillo; afirman que después de unas cuantas noches de llanto, el bebé empezará a dormir durante toda la noche. ¡Ojalá fuera tan sencillo! En mi investigación he descubierto que hay muy pocos padres que hayan logrado tener éxito con este método. Muchos de ellos han tenido que soportar varias semanas de llanto (en muchos casos, el llanto del bebé y el de los padres) durante varias horas. En algunos casos, los bebés lloran tan fuerte que vomitan. Algunos padres creen que estos llantos nocturnos influyen en el comportamiento del bebé por el día, se sienten nerviosos e intranquilos. En algunas ocasiones, cualquier contrariedad (como que le salgan los dientes, que se ponga malito, que no se eche una siesta o irse de vacaciones) que sufra el bebé puede hacerle retroceder y de nuevo habrá que dejarle llorar noche tras noche hasta que empiece a dormirse solo.

Muchos de los padres (por no decir todos) que optan por llevar a cabo este método lo hacen porque creen que no hay otra forma de conseguir que su bebé duerma durante toda la noche.

Mi experiencia personal con el método Déjale llorar

Durante el tiempo que pasé sin dormir por las noches con mi hija Angela, llegué a probar este método debido a la presión que recibía de los amigos, mi familia e incluso de mi pediatra, que me recomendó que siguiera este método. Si estás leyendo este libro, sabrás a qué presión me estoy refiriendo. Así que una de esas noches, la dejé que llorase.

Pude comprobar que los intervalos entre llanto y llanto se iban espaciando, pero, en cada una de estas ocasiones, veía la carita de terror y confusión de mi pequeña que parecía decirme «¡Mamá!». Después de dos horas en esta situación, yo también empezaba a llorar.

No pude soportarlo más y tomé a mi preciosa fuertemente entre mis brazos. Estaba demasiado turbada para tomar el pecho y demasiado desconcertada para poder dormirse. La abracé y le di besitos en la cabecita, se le estremecía todo el cuerpo con el gimoteo y mientras tanto me preguntaba a mí misma: ¿Este método responde a las necesidades del niño?, ¿sirve para enseñarle que el mundo está lleno de fe y confianza?, ¿sirve para educarla? Decidí entonces que quienes defendían este método estaban equivocados. Estaba convencida de que era una forma simplista y violenta de tratar un ser humano. Permitir que un bebé sufra y sienta miedo hasta que se resigne a dormir es cruel y, para mí, impensable.

Fue entonces cuando le prometí a mi niña que nunca más me dejaría convencer por los métodos que otros aconsejan, que nunca la dejaría llorar e incluso juré que no dejaría que sus futuros hermanos o hermanas tuvieran que soportar la terrible experiencia que nosotras habíamos sufrido. Así lo hice.

Trece años más tarde: cuanto más cambian las cosas...

Con doce meses, mi cuarto hijo, Coleton, no dormía durante toda la noche. Siguiendo los pasos de su hermana mayor e incluso batiendo el récord, se despertaba cada hora para llamar mi atención. En esta ocasión, ya era una madre con experiencia y educadora profesional de padres, pero mi opinión acerca del método *Déjale llorar* seguía siendo la misma. Tenía la certeza de que al haber más padres en mi misma situación, en este intervalo probablemente se habrían descubierto nuevas soluciones, por lo que pensé que encontraría ideas útiles en algún libro y empecé mi investigación.

Casi un mes más tarde, exhausta de buscar en tantos sitios, comencé a evaluar mis notas. Tenía una pila de libros y artículos (viejos y nuevos) que trataban sobre las mismas dos opciones a mi dilema: dejar al niño llorar o aguantarse.

Qué opinan los expertos sobre el método Déjale llorar

Durante mi investigación, encontré nuevos datos que hicieron que aumentara mi rechazo ante el método *Déjale llorar*. Los doctores Paul M. Fleiss y Frederick Hodges en *Sweet Dreams* (Lowell House, 2000) opinan lo siguiente sobre los programas de entrenamiento para bebés:

> Los bebés y los niños pequeños son seres emocionales en lugar de racionales. Un niño no puede entender por qué ignoras su llanto cuando pide ayuda. Al hacerlo, incluso con la mejor intención, puedes inducirle a pensar que lo has abandonado. Los bebés responden a unas necesidades biológicas que algunos expertos en el sueño bien niegan o ignoran. Es cierto que si se ignora el llanto de un bebé por la noche, puede que acabe por quedarse dormido, pero también es cierto que el problema por el que se produjo el llanto está aún sin resolver. Incluso si los padres han comprobado que el bebé no está enfermo ni se encuentra mal, a menos que los padres lo tomen en brazos, lo tranquilicen o le den el pecho hasta que se duerma, el estrés emocional seguirá latente.

> La manera más sensata de actuar es responder inmediatamente a los llantos del bebé. Ten en cuenta que eres padre y que una de las responsabilidades más bonitas de ser padre es darle seguridad a tu pequeño. Es una de las sensaciones más maravillosas: ser consciente de que sólo tú puedes lograr que tu pequeño no sufra ni sienta miedo.

Kate Allison Granju, en *Attachment Parenting* (Pocket Books, 1999), dice:

> Los bebés son unos seres totalmente dependientes, vulnerables e indefensos. Tu bebé cuenta contigo para que le cuides con cariño. Cuando llora, te está indicando, de la única forma que sabe, que necesita que estés con él.

> Sabes bien lo que se siente cuando se llora por miedo o dolor, es horrible; para tu bebé es igual. Si tu bebé llora (cualquiera que sea el motivo) experimentará cambios físicos: le subirá la tensión, sus músculos se volverán más tensos y las hormonas del estrés correrán por todo su cuerpecito.

Los bebés sometidos a experimentos del método *Déjale llorar* parece que duermen más profundamente hasta que finalmente dejan de hacerlo. El motivo de que esto ocurra es que los bebés y los niños duermen más profundamente después de haber sufrido un trauma, por lo que este sueño profundo no se debería interpretar como prueba de la eficacia del método *Déjale llorar*, más bien es uno de los muchos trastornos que ocasiona.

El Dr. William Sears, en *Nighttime Parenting* (Plume, 1999), afirma que al dejar llorar a un bebé se crea «alejamiento paternal» y llega a tal punto que es preciso advertir a los padres de que no lo lleven a cabo.

Padres, permitidme que os advierta de que los problemas surgidos durante la educación de un niño no tienen una solución fácil. Los niños son demasiado valiosos y sus necesidades demasiado importantes como para que sean víctimas de consejos estúpidos.

Qué opinan otros padres acerca del método Déjale llorar

Al hablar con muchos padres sobre este nuevo libro, muchos de ellos me contaron sus experiencias sobre el método *Déjale llorar*.

Cuando probamos el método con nuestro pequeño Christoph, se pasó dos y tres horas llorando durante once semanas seguidas; además estaba asustado e inquieto durante el resto del día. Desde que dejamos esta técnica, todos dormimos mucho mejor.

Amy, madre de Christoph, 10 meses.

Probamos el método con Emily cuando tenía nueve meses. Al principio funcionó durante unos cuantos días, pero después dejó de hacerlo y nunca más volvió a darnos resultado.

Christine, madre de Emily, 18 meses.

Con mi primer hijo quería hacer las cosas bien, por lo que probé este método. Después de hacerlo me di cuenta de que hay tantas recaídas (viajes, enfermedades, pesadillas, nuevas situaciones, etc.) que no merecía la pena seguir intentándolo. Con una vez tuve suficiente, no pude soportar probar varias veces.

Heather, madre de Anna, 15 meses, y Brandon, 3 años.

Probamos con este método; nuestro pediatra nos dijo que lo dejase llorar toda la noche si era necesario. Pues bien, estuvo llorando durante cuatro horas, se durmió a las 2:30 y empezó a llorar de nuevo hasta que lo levanté a las 6:00. Fue una auténtica pesadilla. Creo que la parte del «llanto» funciona, pero ninguno de nosotros pudo dormir.

Silvana, madre de Salvador, 9 meses.

A nuestro primer hijo le pusimos en la cuna y le dejamos que llorase creyendo que era lo mejor, pero en ningún caso fue lo más apropiado; empezó a llorar y estuvo llorando durante más de una hora. Estaba (literalmente hablando) echando espuma por la boca. Me sentí fatal por ello y todavía me siento culpable. Desde ese día, empezó a dormir con nosotros. Ya tiene casi tres años y duerme bien en su propia cama. Si tiene una pesadilla, se viene a dormir con nosotros. En estos momentos, estoy dándole el pecho a nuestro hijo pequeño y duermo con él. No se puede decir que duerma muy bien, pero creo que las obligaciones de los padres no terminan por la noche y si dejarle llorar es la única solución a este problema, no me interesa.

Rachel, madre de Jean-Paul, 10 meses, y de Angelique, 3 años.

Qué opina un bebé sobre el método Déjale llorar

Nadie nos puede decir lo que opinan los bebés sobre este método, pero mucha gente se lo imagina (teniendo en cuenta que el niño no puede contárnoslo) y nos plantea su propio caso. Durante la investigación que he realizado para escribir este libro, vi un vídeo en el que un experto sobre el sueño decía: «Dejar que tu bebé llore no le causará ningún daño ni físico ni fisiológico, incluso aunque llore durante varias horas». Éste era su razonamiento, me imagino que sería para que los padres se sintiesen mejor al dejar llorar a su bebé. Me sentí tan mal que se lo conté inmediatamente a mi esposo que es un padre cariñoso, atento y preocupado siempre por sus hijos. Le impresionó tanto que a la mañana siguiente decidió responder a esta teoría con un mensaje de correo electrónico para cualquier padre que leyese el anuncio:

> Si creéis lo que dice este experto, vais por mal camino en la educación de vuestros hijos. No penséis ni por un solo instante que esta actitud no afectará a vuestro pequeño. La insensibilidad que demostréis hacia vuestro bebé le afectará desde este momento en adelante en diversos aspectos. Si vuestro bebé quiere que lo toméis en brazos durante el día, pero no podéis hacerlo porque estáis muy ocupados, no penséis que estará dolido permanentemente por vuestra falta de atención. Cuando se vaya haciendo mayor y quiera que juguéis a la pelota con él, pero estáis ocupados por algún motivo, podéis decirle que es mejor que juegue con sus amigos. Si quiere que vayáis con él a una función del colegio y os encontráis muy cansados, podéis decirle que no es necesaria vuestra presencia. Con las actitudes que demostréis durante la infancia de vuestro hijo, estáis influyendo en la relación que tendréis con él durante el resto de vuestra vida. Hay ocasiones en las que hay que fomentar la independencia de los hijos, pero hay que hacerlo con conocimiento.

En ese mismo vídeo, el autor también menciona este otro terrible consejo para padres que están faltos de sueño: «Vuestro bebé no aprenderá a quedarse dormido a menos que le dejéis llorar». ¿Es eso cierto? Cuéntaselo a mis cuatro hijos que ahora duermen durante toda la noche y también a los millones de bebés que un día empezaron a dormir durante toda la noche sin haber tenido que llorar.

Nadie puede saber cómo afectará a largo plazo a la vida del bebé el hecho de dejarle llorar; después de todo, no podemos criar a nuestros hijos dos veces para ver cuál es la diferencia. Tampoco podemos saber cómo se siente un bebé cuando le dejamos llorar. Jean Liedloff expone una hipótesis bastante probable en su libro sobre antropología *The Continuum Concept* (Addison-Wesley, 1977). En este libro describe cómo se siente un bebé cuando se despierta en mitad de la noche:

> Se despierta aterrorizado por el silencio, inmóvil. Grita, siente una enorme necesidad, deseos, impaciencia. Respira con dificultad y grita tan fuerte que no puede oír nada más, grita hasta que le duele la garganta y el pecho. No puede soportar más el dolor y su gimoteo se va debilitando. Escucha, abre y cierra los puños. Mueve la cabeza de un lado a otro pero no encuentra ninguna ayuda. Es insoportable, empieza a llorar de nuevo pero es demasiado para su garganta dolorida, por lo que vuelve a callarse. Mueve las manitas y da pataditas, se detiene dispuesto a sufrir, incapaz de pensar ni de tener esperanzas. Escucha, se vuelve a dormir.

Decidido, pero cansado

La lectura de estos libros me sirvió para reafirmar mi decisión de no dejar llorar a mi bebé aunque, por mi propia experiencia como madre de cuatro hijos, dejé de sentirme culpable por querer dormir bien. Quería dormir y necesitaba respuestas, tenía que haber respuestas.

Empecé la investigación en serio, busqué en bibliotecas, librerías y en Internet. Como era de imaginar, encontré muchos artículos e historias sobre el tema de los bebés y el sueño. Había un montón de observaciones y comentarios, pero no encontré ninguna solución; siempre las mismas dos corrientes: la de déjale llorar y la de aguantarse. Los padres aparecían siempre bajo la misma categoría: faltos de sueño y desesperados. Así es como Lessa, madre de Kyra de 9 meses, describe su estado:

> Me siento fatal, es como si la falta de sueño estuviese empezando a afectar a todos los aspectos de mi vida, casi no puedo tener una conversación normal, no me siento con fuerzas para organizar las cosas. Quiero a este niño más que a nada en el mundo y soy incapaz

de hacerle llorar, pero me muero por irme a la cama y poder dormir todas las noches. Algunas veces pienso: «¿Qué más da? Me voy a levantar dentro de una hora de todos modos». Mi marido está acosándome continuamente con preguntas y yo le digo: «Si supiese las respuestas, ¿no crees que Kyra dormiría?».

En este punto de la investigación, empecé a pensar que debía haber otros padres afectados por las alteraciones del sueño de sus bebés con quienes podría compartir algunas ideas. Busqué en muchos sitios Web con anuncios o líneas de chat y encontré muchos padres que habían optado por una de las dos opciones clásicas: déjale llorar o aguantarse. Y fue así, recopilando información de un sitio y de otro, de artículos, de experiencias personales que me contaban los padres, de libros y de otras fuentes, junto con mi experiencia con mi hijo Coleton, como empecé a encontrar soluciones. Gracias a este intercambio de ideas con padres que habían experimentado todos los métodos concebibles, empecé a encontrar ideas que no sentenciaban al bebé a llorar durante horas sino que ofrecían soluciones más pacíficas.

Investigué sobre los motivos por los cuales los bebés se despiertan por la noche y distinguí entre lo verdadero y lo falso. Dejé a un lado las dos opciones típicas, investigué cualquier asunto relacionado con este tema y mantuve contacto con otros padres que sufrían este problema. Poco a poco fui encontrando el punto medio entre el método *Déjale llorar* y la fatiga de los padres sin dormir; fue surgiendo un plan, un plan cariñoso para ayudar a mi bebé a dormir.

Sé lo que es porque me ha pasado a mí

La mayoría de los libros están escritos por expertos que, aunque sepan mucho sobre los aspectos técnicos y fisiológicos del sueño, simplemente no han vivido la experiencia de pasarse toda la noche sin dormir, noche tras noche, a causa de sus bebés, ni tampoco han sufrido al oír llorar a sus bebés en la oscuridad. Yo, por el contrario, tengo mucha experiencia en noches sin dormir y, al haber tenido cuatro hijos, he aprendido que aunque existan algunos bebés que duermen toda la noche, se trata de casos excepcionales.

La mayoría de estos libros de «expertos» son complicados, difíciles de leer y no aportan muchas soluciones. Investigué en muchos libros que trataban el sueño humano, pero en ninguno encontré posibles soluciones para el problema del sueño del bebé que no implicasen dejarle llorar.

A continuación encontrarás la información necesaria para, incluso cuando estés desesperado por conciliar el sueño, buscar soluciones de manera fácil y rápida.

Podrás comprobar cómo me fue a mí con mi hijo Coleton con los datos que recopilé una de esas noches sin dormir.

Despertares nocturnos de Coleton

Doce meses

20:45   Tumbada en la cama, dándole el pecho, todavía despierto.

21:00   De nuevo levantada para leerles un cuento a David y Vanesa.

21:40   Dormido, finalmente.

23:00   Dándole el pecho durante 10 minutos.

00:46   Dándole el pecho durante 5 minutos.

1:55   Dándole el pecho durante 10 minutos.

3:38   Cambio de pañal, dándole el pecho durante 25 minutos.

4:50   Dándole el pecho durante 10 minutos.

5:27   Dándole el pecho durante 15 minutos.

6:27   Dándole el pecho durante 15 minutos.

7:02   Dándole el pecho durante 20 minutos.

7:48   Levantada. Dándole el pecho y levantada por la mañana.

Número de despertares nocturnos: 8.

Período de tiempo de sueño más largo: 1 hora y media.

Total de horas de sueño nocturno: 8 horas y media.

Siestas: una siesta de 3 cuartos de hora seguidos.

Total de horas de sueño: 9 horas.

Y así fueron los primeros 12 meses. Si te ocurre lo mismo, entiendo cómo te sientes y te compadezco, ya que sé lo que esto supone. Pero te prometo que puedo ayudarte a dormir, como hice en mi propio caso.

Al recapitular mis ideas y experimentos y aplicar lo que iba aprendiendo, conseguí lograr esta mejoría después de veinte días usando mis soluciones para el sueño.

Despertares nocturnos de Coleton

Plan de sueño aplicado durante 20 días

20:00 A la cama. Tumbada en la cama, dándole el pecho para que se duerma.

23:38 Dándole el pecho durante 10 minutos.

4:35   Dándole el pecho durante 10 minutos.

7:15   Dándole el pecho durante 20 minutos.

8:10   Dándole el pecho y levantada por la mañana.

Número de despertares nocturnos: 3.

Período de tiempo de sueño más largo: 5 horas.

Total de horas de sueño nocturno: 11 horas y media.

Siestas: Una siesta tranquila de 1 hora.

Total de horas de sueño: 12 horas y media.

Llanto: ninguno.

Éxito día tras día

A medida que mi investigación iba avanzando también lo hicieron las mejorías; Iyanla Vanzant lo explica en su libro *Yesterday, I Cried* (Simon & Schuster, 2000): «Todos los profesores deben aprender y los curanderos deben curar y el trabajo de enseñanza y curación no finaliza mientras que el proceso de aprendizaje y curación continúan».

A medida que iba mejorando el sueño de Coleton, me fui implicando más en la investigación y en escribir este libro para poder aplicar lo que estaba aprendiendo. Fue pasando el tiempo y Coleton finalmente siguió los pasos de su hermana y empezó a dormir 10 horas seguidas. Al principio, me solía despertar cada varias horas y le ponía la mano en el pecho para ver si seguía respirando, hasta que poco a poco me fui dando cuenta de que dormía plácidamente.

A continuación, puedes ver los registros de Coleton después de utilizar las estrategias que aprendí mientras escribía este libro:

Despertares nocturnos de Coleton

19:51   Coleton pone la cabecita en mi regazo y me pide irse a dormir.

20:00   A la cama. Tumbada en la cama, dándole el pecho.

20:18   Se queda dormido.

6:13   Dándole el pecho durante 20 minutos.

7:38   Levantado por la mañana.

Número de despertares nocturnos: 1 (antes eran 8).

Período de tiempo de sueño más largo: 10 horas (una gran mejoría).

Total de horas de sueño nocturno: 11 horas (antes eran 8 y cuarto).

Siestas: una siesta apacible de 2 horas de duración (antes era de 3 cuartos de hora).

Total de horas de sueño: 13 horas (antes eran 9 horas).

Llanto: Ninguno.

Ten en cuenta que mientras puse este plan en marcha me encontraba en plena investigación, con la cabeza llena de ideas y experimentos; tú tienes la ventaja de seguir un plan ordenado por lo que probablemente lograrás el éxito antes que yo. También debes tener en cuenta que cada bebé es diferente; por ejemplo, mi hija Vanessa empezó a dormir 10 horas seguidas mucho antes que Coleton. Los bebés son tan distintos entre sí como lo somos los adultos. Pero, como puedes ver, aunque llevó un cierto tiempo conseguir estos logros, los últimos registros son muy distintos de los que teníamos al principio.

Además, hay un aspecto importante que debéis conocer: durante todo este proceso, Coleton y yo dormíamos juntos, de lo que se deduce que, contrariamente a lo que se piensa, los bebés pueden dormir junto a sus padres sin despertarse continuamente para tomar el pecho. Por lo tanto, si estás decidido a dormir con tu bebé, te animo a hacerlo.

Este libro te puede ser de gran ayuda

Lo bueno de todo esto es que tú, mi lector y nuevo amigo, puedes implicarte en este proceso sólo hasta donde te interese. No es necesario que hagas nada con lo que te sientas incómodo; utiliza sólo aquellas ideas que te vengan bien. Incluso si aplicas sólo unas cuantas ideas, podrás dormir mejor.

Mi propósito es conseguir que tu bebé y tú durmáis durante toda la noche sin que ninguno de los dos llore.

Las madres del estudio

Una vez que conseguí tener éxito con mi pequeño, busqué otras familias con el mismo problema para ayudarles. Reuní a sesenta mujeres muy distintas entre sí que estaban entusiasmadas con mis ideas sobre el sueño. La primera vez que nos reunimos, sus bebés tenían edades comprendidas entre los dos y los veintisiete meses, incluso había un caso de un niño de 5 años con este problema. Para algunas era su primer hijo, otras tenían mellizos o hijos mayores; algunas madres trabajaban fuera de casa y otras no, algunas les daban pecho y otras biberón, algunas dormían con sus bebés, otras les ponían en la cuna y en algunos casos combinaban ambos métodos; algunas estaban casadas y otras solteras, la mayoría de ellas vivían en los EE.UU. y Canadá, otras en otros países. Eran muy distintas entre sí, pero todas tenían en común que no podían dormir por las noches.

Todas ellas completaron sus registros de sueño durante 10 días y me escribían correos electrónicos para mantenerme informada de sus progresos. También me hicieron muchas preguntas y me aportaron muchos comentarios que me ayudaron a depurar mis ideas a la hora de elaborar el plan de sueño.

Pruébalo, ¡funciona!

Al principio de nuestro trabajo en común, entre estas sesenta madres no había ningún caso en el que el bebé durmiese durante toda la noche, de acuerdo con la definición médica de dormir toda la noche: aquellos bebés que duerman durante 5 horas o más seguidas sin despertarse.

Después de que estas madres siguieran las ideas del método *Felices sueños,* los resultados fueron los siguientes:

- Después de 10 días, el 42% de los bebés dormían durante toda la noche.

- Después de 20 días, el 53% de los bebés dormían durante toda la noche.

- Después de 60 días, el 92% de los bebés dormían durante toda la noche.

Una vez que estos bebés empezaron a dormir durante 5 horas, sus madres continuaron avanzando para conseguir más horas de sueño y, en algunos casos, llegaron a alcanzar periodos de sueño de entre 9 y 13 horas.

¿Cuánto tardará tu bebé en dormir?

Ten en cuenta que este proceso lleva su tiempo. Me gustaría decirte que se puede lograr en un día (siento mucho no poder prometerlo), pero te puedo asegurar que las cosas mejorarán a medida que vayas siguiendo las sugerencias. En este proceso no va a haber llanto, pero tampoco puede haber prisas.

Lo que sí es cierto es que no podremos lograr pasar de una historia de problemas de sueño con frecuentes despertares nocturnos a una rutina de sueño durante toda la noche sin uno estos dos factores: llanto o tiempo. Yo personalmente prefiero el tiempo, lo que implica paciencia; quizá ésta sea tu primera oportunidad para enseñarle esta virtud a tu bebé.

En ciertos casos, algunos padres que me han pedido ayuda porque su hijo de 5 años se sigue despertando por las noches; ten paciencia y piensa de manera positiva: mi nuevo plan de sueño no tardará 5 años en conseguir el efecto deseado.

Experiencias de las mamás del estudio

Es de gran ayuda conocer las experiencias de otros padres. A continuación, podrás ver lo que varias de estas madres dicen sobre este tema.

Lisa, madre de dos hijas de 1 y 5 años (ambas con trastornos en el sueño), me comentaba en su primera carta:

> Estuve durmiendo con mi pequeña Jen, de 5 años de edad, hasta que cumplió un año aproximadamente y la trasladé a su propia cama. Desde entonces, todas las noches durante los últimos cuatro años se levanta y viene a mi habitación. Además, mi hija Elizabeth, de un año de edad, sigue despertándose por las noches de 3 a 5 veces. Así que me paso las noches en vela esperando a que una de las dos me llame, es horrible. Algunas veces estoy tan cansada que me apetece echarme a llorar. Esta mañana, mientras estoy aquí sentada tomándome un café, no lo veo todo tan negro, pero tengo que reconocer que todavía me apetece llorar. No puedo más, necesito ayuda.

Cinco semanas más tarde recibí este correo electrónico suyo:

> Sé que no es el momento de enviarte un registro, pero quería informarte de cómo van las cosas: Beth se ha despertado una sola vez por la noche, se durmió a las 20:30 y se ha levantado a las 7:30, ¡es increíble! Y Jeniffer ha estado durmiendo en su propia habitación las ultimas 10 noches. Se siente orgullosa de sí misma y yo también estoy orgullosa de ella. ¡Funciona!

Kim, madre soltera de Mathieau, de trece meses, me contaba lo siguiente la primera vez que empezamos a trabajar en los hábitos de sueño de su bebé:

> Bueno, las cosas no han salido según mi plan. Intenté acostarle a las 19:30, le mecí, le di el pecho, le puse en la cuna masajeándole la espalda, le di el pecho de nuevo y finalmente se durmió a las 20:45. No sé cuál habrá sido el problema, pero espero que las cosas no sigan así, me siento tan frustrada…

Y tres semanas más tarde:

> ¡Hola! Sé que te he escrito hace un par de días pero quería comentarte algo: Mathieau lleva tres noches seguidas durmiendo durante toda la noche. Sí, lo que oyes.
>
> Esta mañana se despertó sobre las 6:30 para tomar el pecho y después se volvió a dormir hasta las 9. Me siento tan bien hoy… Y aún hay más, la niñera ha logrado que también duerma la siesta. Esta tarde cuando lo tomé en brazos todavía estaba dormido, había estado durmiendo durante dos horas. Estoy tan contenta de que tus ideas funcionen. Nunca pensé que fuera a obtener este resultado tan rápido. Todos los logros que hemos conseguido han sido gracias a tus ideas. Creo que van a cambiar la vida de muchas familias.

Christine, madre de un bebé de tres meses, me contaba lo siguiente la primera vez que hablamos:

> Los despertares nocturnos de Ryan están empezando a ser un problema para toda la familia. Mi marido no aguantaba más sin dormir, así que se ha mudado al cuarto de invitados. Yo estoy destrozada, creo que no podré rendir cuando vuelva a trabajar si continúo sin dormir como hasta ahora. Intenté dejarle llorar, pero fue una tortura ver a mi pequeño llorar de esa manera, tan solo, sudando; no pude soportarlo. Espero que puedas ayudarnos.

Su registro, cuarenta días más tarde, muestra lo siguiente:

19:30 Se queda dormido.

6:00   Come.

7:30   Se levanta por la mañana.

Número de despertares nocturnos: 1 (antes eran 10).

Periodo de tiempo sueño más largo: 10 maravillosas horas y media (antes eran 3).

Total de horas de sueño nocturno: 10 horas y media.

Emily, madre de Alex de doce meses, me decía lo siguiente en el primer mensaje que me envió:

> Alex duerme con la boca sobre mi pecho y su cuerpo atravesado encima de mí. Algunas veces duerme a mi lado, pero sólo durante cinco minutos hasta que se despierta y se vuelve a colocar encima.

La madre de Alex me decía triunfante en este mensaje después de haber probado el método *Felices sueños* durante treinta días:

> Creo que éste será mí último registro, ahora que por fin mi pequeño duerme estupendamente. Se duerme a las 20:00 y le pongo en la cama mientras me levanto y me ducho. Por supuesto, coloco la barandilla y le vigilo continuamente. Puede que se despierte una vez por la noche para tomar el pecho, pero está despierto sólo unos segundos hasta que se vuelve a dormir. Creo que se despierta otras veces por la noche, pero no necesita mi ayuda para dormirse de nuevo. Por la mañana se despierta a las 7:30 totalmente feliz y descansado. Me es difícil creer que sea el mismo bebé de antes. La diferencia en sus hábitos de sueño es realmente impresionante.

Y éstas son las palabras de Marsha, otra madre cuyo bebé no dormía como no fuese sobre el pecho de su madre:

> Ayer por la noche Kailee se acostó a las 20:00. Se despertó varias veces entre las 20:00 y las 22:00, pero enseguida se calmó y se durmió. No se volvió a despertar hasta las 8:00; estoy segura de que entiendes cómo me siento, esto es la gloria.
>
> Kailee ha pasado de tener que dormirse sobre mi pecho durante toda la noche, despertándose para tomar el pecho entre 8 y 10 veces, a dormir durante 11 y 12 horas y media seguidas. Nunca pensé que llegaría el día en que mi bebé durmiese la noche entera, eres la heroína de nuestra familia. ¡Ojalá hubieses escrito este libro cuando nació mi primera hija!».

Recuerda a la madre que cité anteriormente que decía: «Me siento fatal, es como si la falta de sueño estuviese empezando a afectar a todos los aspectos de mi vida...». Dos meses después Lessa empezó a seguir mi plan y escribió lo siguiente: «Es increíble; durante la última semana Kyra sólo se ha despertado una vez a tomar el pecho a las 3:30».

A lo largo de este libro, encontrarás más citas de las madres del estudio en los recuadros «Testimonios de madres» y también encontrarás fotografías de sus encantadores pequeños durmiendo dulcemente.

Tú también puedes dormir

No hay ningún motivo para que sigas viviendo como un mártir sin poder dormir, ya que existen soluciones para que tu bebé duerma. La acción es la clave que te dará fuerzas y te motivará durante las próximas semanas.

Dale una oportunidad al plan *Felices sueños* y podrás comprobar los resultados. Puede que tu hijo no pase de despertarse cada hora a dormir 10 horas seguidas de un tirón, pero empezará por despertarse cada tres horas y luego cada cuatro, hasta llegar a dormir durante toda la noche e incluso más.

Dentro de poco, volverás a despertarte por las noches cada hora, esta vez hasta que oigas que el coche entra en el garaje, el ruido de las llaves al ponerlas sobre la mesa y los pasos de tu hijo, ya adolescente, subiendo por las escaleras. ¡El tiempo vuela!

Ten paciencia a medida que vayas avanzando en este proceso. Si tu bebé empieza a llorar (y digo empieza, no que lleve más de diez minutos sollozando), tómalo en brazos, mécelo, dale el pecho o haz lo que tu instinto maternal te indique para calmar a tu dulce bebé. Cada día estarás un paso más cerca de tu meta; ser consciente de ello te ayudará a ser más paciente. Recuerda también que la aparente incapacidad de tu bebé a la hora de dormirse no es culpa suya. Se comporta de la misma manera desde que nació y sería totalmente feliz si las cosas siguieran como están. El objetivo es ayudarle para que se sienta seguro y tranquilo mientras que se queda dormido sin requerir tu ayuda.

En resumen, no creo que se deba dejar nunca a un bebé llorando solo, incluso aunque te acerques cada diez minutos para decirle palabras reconfortantes

Introducción

sin ni siquiera tocarlo. También sé que puedes ayudarle (con cariño) a dormir plácidamente durante toda la noche.

Testimonios de madres

«Sé que me llevará un tiempo ver resultados positivos. Pero no me importa, porque después de llevar siete meses sin dormir y de estar totalmente agotada, mi consuelo es saber que dentro de unos meses voy a poder dormir».

Tammy, madre de Brooklyn, 7 meses

Parte 1ª

Diez pasos para ayudar a tu bebé a dormir toda la noche

Esta sección del libro incluye los pasos que debes seguir para crear tu solución de sueño. Puedes utilizar esta página como lista de comprobación a medida que sigues los pasos:

- ☐ Paso uno: Comprueba las condiciones de seguridad (página 3).

- ☐ Paso dos: Aprende las características básicas del sueño (página 19).

- ☐ Paso tres: Crea tus propios registros del sueño (página 31).

- ☐ Paso cuatro: Revisa y elige un método para dormir (Recién nacidos, página 42; Bebés de más de cuatro meses, página 67).

☐ Paso cinco: Crea tu propio plan de sueño (página 135).

☐ Paso seis: Sigue tu plan durante diez días (página 143).

☐ Paso siete: Haz un registro cada diez días (página 147).

☐ Paso ocho: Analiza tu éxito (página 151) y revisa tu plan tanto como sea necesario.

☐ Paso nueve: Sigue tu plan otros diez días (página 179).

☐ Paso diez: Completa tu registro, analiza el éxito y revisa el plan tantas veces como sea necesario (página 187).

1

Comprueba las condiciones de seguridad

Debido a que no has tenido una noche tranquila desde el embarazo o desde que tu nuevo bebé entró en tu vida, puede que sientas que no hay nada más importante que dormir una noche entera sin interrupciones. Pero hay algo más importante que el sueño: la seguridad de tu bebé, por lo que es importante que comencemos por aquí. En la búsqueda de unos minutos de descanso, los padres, faltos de sueño, cometen ciertos errores no intencionados.

He escuchado y leído sobre muchos casos en los que los padres ponen a sus bebés en situaciones de peligro, todas ellas motivadas por la obsesión de conseguir dormir tranquilamente unas horas. A continuación, se muestran algunas de estas historias. Sólo he incluido aquéllas con finales felices, aunque desgraciadamente existen otras muchas con desenlaces bien distintos.

- Los padres de un recién nacido sabían que no debían dejar la colcha con pelo en la cama cuando el bebé durmiera con ellos, pero si la quitaban tenían frío. Una noche la madre se despertó y descubrió que su bebé se había hundido bajo la pesada colcha.

- Una madre estaba tan encantada de ver a su bebé dormido en el sofá que lo dejó allí mientras ella trabajaba con el ordenador. De repente, oyó un fuerte golpe y fue corriendo al salón encontrándose al bebé llorando en el suelo.

- Una madre cuyo bebé nunca quería dormir la siesta, decidió que si su bebé se quedaba dormido en el asiento del coche, lo dejaría durmiendo en el garaje mientras se iba a hacer la cena. No quería correr el riesgo de despertarle al llevarlo a su cuna.

- Los padres de un bebé recibieron de unos parientes una preciosa cuna antigua con un cabecero muy vistoso. Tenían la intención de averiguar las características de seguridad de la cuna pero nunca llegaron a hacerlo. Una noche, se despertaron con los gritos de su bebé. Corrieron aprisa a su dormitorio y le encontraron atrapado sin poder moverse entre el cabecero y el colchón.

Muchas de las situaciones de peligro en que los padres colocan a sus bebés se deben a decisiones equivocadas, pero otras son motivadas simplemente por falta de información. Es fundamental que los padres dispongan de la mayor cantidad de información posible sobre el tema de la seguridad de los bebés. En este importante apartado, aprenderás todo lo que debes saber acerca de su seguridad a la hora de dormir.

La seguridad es lo primero

Seguro que estás cansado, demasiado quizás para leer toda la información, investigaciones y normativas que existen sobre el tema de la seguridad de los bebés. Quizás tienes la intención de informarte, pero esto no basta para mantener seguro a tu bebé; debes conocer esta información cuanto antes.

No importa lo cansado que estés o lo idónea que parezca la situación: asegúrate de que la seguridad de tu bebé está por encima de todo.

He consultado la información sobre seguridad con numerosas fuentes y autoridades de prestigio, tales como *Consumer Product Safety Commission (CPSC), American Academy of Pediatrics (AAP), Sudden Infant Death Syndrome Allliance, National Institute of Child Health and Human Development, Foundation for the Study of Infant Deaths.* A partir de esta información, he creado unas listas de los aspectos sobre seguridad durante el sueño que debes consultar.

Lee esta breve sección y préstale mucha atención.

Estas listas reúnen consejos referentes únicamente a la seguridad del niño cuando duerme y dentro de su domicilio habitual; para otras cuestiones de seguridad dentro y fuera del hogar y en otros momentos del día, deberás buscar más información. También debes de ser consciente de que no hay ninguna lista de comprobación que se adecue completamente al caso de todos los niños, ya que las precauciones de seguridad se actualizan constantemente y los niños (y sus padres) son diferentes unos de otros. Sería bueno que hablases con tu pediatra acerca de tu bebé. Haz tus deberes y ten presente la seguridad en primer lugar.

La preocupación más importante: el SMSL

El síndrome de muerte súbita del lactante (SMSL) es una de las principales preocupaciones que tienen todos los padres. El SMSL es la muerte repentina e inesperada de un niño menor de un año de edad. En algunos casos se conoce como la *muerte de la cuna* y es la causa principal de mortalidad en bebés de edades comprendidas entre un mes y un año. La mayoría de los casos de SMSL sucede en bebés de entre uno y cuatro meses. La muerte es repentina e impredecible, de tal manera que, en la mayoría de las ocasiones, el bebé tiene un aspecto saludable. La muerte ocurre rápidamente, normalmente durante el sueño. Tras treinta años de investigación sobre este tema, los científicos no han encontrado todavía una causa concreta o un conjunto de causas que expliquen esta enfermedad ni una manera de predecirla y evitarla. No obstante, la investigación ha puesto al descubierto algunas medidas que parecen reducir el riesgo de padecer esta enfermedad, las cuales están incluidas en las listas e información de seguridad que se facilita a continuación. (Esta información acerca del SMSL proviene del *U.S. Public Health Service, American Academy of Pediatrics, SIDS Alliance, Association of SIDS and Infant Mortality Programs SIDS «Back to Sleep» Campaign.*)

Volver a dormir

Muchos bebés quizá duerman mejor o durante más tiempo boca abajo, sin embargo, numerosos estudios han probado científicamente que los bebés que duermen en esta posición tienen una mayor predisposición a sufrir algunas enfermedades, como el SMSL. Este dato proviene de un porcentaje estadístico, por lo que no podemos decir que todos los bebés que duerman boca abajo morirán de SMSL.

A su vez, evitar que los bebés duerman boca abajo no garantiza totalmente que no puedan sufrir enfermedad. Sin embargo, es la recomendación más importante que debes tener en cuenta. Aunque algunos bebés duermen mejor boca abajo, dormir boca arriba es la postura más segura en la mayoría de los casos. Consulta a tu pediatra sobre lo mejor para tu bebé.

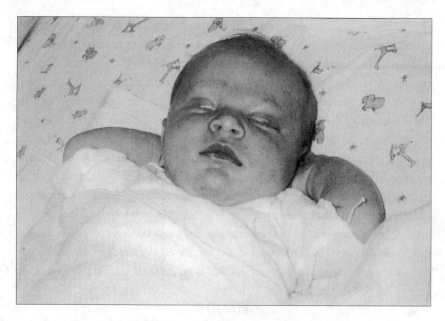

Zoey, tres semanas

Varias teorías apoyan la recomendación de dormir boca arriba. Una es que algunos de los bebés que mueren de SMSL caen en un profundo sueño y no son capaces de levantar la cabeza para respirar. La otra teoría afirma que la presión sobre el pecho de un bebé le comprime el diafragma, lo cual no le permite respirar profundamente. Cualquiera que sea el motivo, lo cierto es que el hecho de colocar boca arriba a tu bebé para que duerma es la única acción probada que disminuye el riesgo de sufrir SMLS.

A lo largo de mi investigación, no he podido determinar la edad exacta a la que comienza a ser seguro dormir boca abajo. Sin embargo, la mayoría de los investigadores afirman que una vez que tu bebé sea capaz de mantener la cabeza erguida y de darse la vuelta fácilmente por sí solo, cambiando de posición (de boca abajo hacia arriba y viceversa), entonces puedes ponerle a dormir boca arriba y dejar que él mismo busque la postura más cómoda. Mientras tanto, si tu médico confirma que dormir boca arriba es lo mejor para tu bebé, sigue sus indicaciones. Si tu bebé se resiste a dormir en esta posición, puedes usar los siguientes consejos para animarle a dormir boca arriba:

- Deja que tu bebé se eche una siesta en un carrito, cochecito o sillita. Al dormirse en cualquiera de estos sitios, estará ligeramente enroscado en lugar de completamente estirado en un colchón; muchos bebés que duermen boca arriba están mucho más cómodos en esta postura. Asegúrate de seguir todas las precauciones de seguridad relacionadas con mantener a tu bebé cerca de ti. Los fabricantes de todos los carritos, cochecitos o sillitas advierten a los padres de que nunca deben dejar solos a los bebés en estos dispositivos. Presta atención a la postura del niño: no debe estar demasiado curvado.

- Si tu hijo es un recién nacido, intenta envolverlo en una sabanita para dormir (consulta, en el capítulo 4, el apartado «Envolver a tu bebé»). Al estar envuelto, evitarás que sus sobresaltos naturales le despierten.

- Espera a que tu bebé esté completamente dormido antes de darle la vuelta. Podrás saber cuándo está profundamente dormido por su respiración tranquila y continuada.

- Habla con tu médico sobre la posibilidad de practicar un método intermedio: dormir de lado. Pregúntale si puedes utilizar una cuña o colocar una mantita enrollada sobre la que apoye la espalda para mantenerlo en esta postura.

- Aunque existen varios productos en el mercado para mantener a tu bebé boca arriba, su seguridad no está científicamente probada y por ahora no son recomendables. Durante la publicación de este libro, se han puesto a la venta varios utensilios para mantener al bebé envuelto boca arriba. Pregunta en tu centro de salud o a tu médico sobre la seguridad de estos nuevos inventos.

- Finalmente, si insistes en poner a tu bebé boca abajo, o si tu médico aprueba esta postura, asegúrate de que el colchón sea liso, firme y uniforme y que, cada vez que lo coloques en la cama, las sábanas sean suaves y estén bien entalladas. Tampoco pongas ninguna almohada, mantita o juguetes al alcance del bebé. Si aún tienes alguna preocupación, consulta a tu médico o en el hospital sobre la posibilidad de alquilar un interfono para bebés para que puedas escuchar el sonido, movimiento o respiración de éste.

Una vez que tu bebé duerma boca arriba:

- No dejes que duerma siempre en la misma postura. Muévele la cabeza de un lado a otro y varíale la postura o el lugar donde se encuentra la cuna para animarle a que mire en todas las direcciones. Esto evitará que se le aplane la parte trasera de la cabeza (una enfermedad conocida como plagiocefalia posicional).

- Procura no dejar a tu bebé tumbado boca arriba en un cochecito, carrito o balancín durante largos periodos.

- Si tu bebé se despierta, colócalo boca arriba para estimular el movimiento de la cabeza y el cuerpo y el desarrollo de todos los músculos.

Testimonios de madres

«Algunas veces cuando iba a darle la vuelta, Coby se despertaba, me veía y quería pecho, así que me acostumbré a ocultarme detrás de su pompis y colocarle a través de las tablillas de la cuna para que no me viese. ¡Funcionó!».

Jeniffer, madre de Coby, 5 meses

Dormir boca arriba en los centros de atención infantil

Según ciertos estudios, el 20 por ciento de las muertes por SMSL tienen lugar en las guarderías o centros de atención infantil. No todos los centros de atención infantil disponen de políticas acerca de las posturas para dormir de los niños e incluso si lo hacen, no todos los cuidadores obran de acuerdo con las directrices recomendadas por la AAP. Es de especial importancia que sepas que los bebés que no están acostumbrados a dormir boca abajo tienen un mayor riesgo de padecer SMSL si se colocan en esta postura. Comprueba las políticas de tu guardería al respecto y asegúrate de que colocan a tu bebé en la posición correcta recomendada por tu médico.

Precauciones generales de seguridad a la hora de dormir

- No permitas que nadie fume cerca de tu bebé, ya esté dormido o despierto. Los bebés que están expuestos al humo corren un mayor riesgo de sufrir SMSL, además de otras complicaciones como es el asma.

- Si tu hijo pasa algún tiempo con un cuidador, niñera, abuelo o cualquier otra persona, insiste en que ellos sigan también las directrices de seguridad.

- Mantén a tu bebé caliente, pero no demasiado. Conserva la habitación a una temperatura agradable para dormir, entre los 18 y los 22 °C. Ten cuidado de que la temperatura corporal de tu bebé no sea demasiado elevada. Si tu recién nacido sale del hospital con un gorrito, pregunta a tu médico si debe llevarlo y durante cuánto tiempo. Los gorritos contribuyen al exceso de calor.

- No uses mantitas o edredones encima o debajo de tu bebé. Puede liarse en ellas y correr el riesgo de asfixiarse. En su lugar, cuando la temperatura lo permita, viste a tu bebé con pijamas calentitos y una camiseta interior.

- Viste a tu bebé con ropas resistentes al fuego, que no sean demasiado grandes, demasiado ajustadas, ni demasiado holgadas, de algodón o de mezcla de algodón. Los géneros de algodón o acolchados pueden inflamarse en caso de incendio con tan sólo entrar en contacto con una estufa o chimenea.

- No permitas que tu bebé duerma sobre una superficie blanda, como una almohada, un sofá, una cama de agua, un cojín, la parte superior de la almohada, un colchón de espuma, una piel de carnero, una cama de plumas o cualquier otra superficie blanda y flexible. El bebé sólo debe dormir sobre un colchón firme y liso con una sábana suave, sin arrugas, que esté bien ajustada por debajo del colchón.

- No dejes juguetes con relleno o almohadas en la cama junto al bebé. Si tu bebé tiene más de cuatro meses y ya es capaz de enroscarse y levantar y mover la cabeza fácilmente, le puedes dejar su juguete favorito, uno pequeño y seguro como se describe más adelante.

- Mantén las lámparas y cualquier otro elemento eléctrico lejos de donde duerme el bebé.

- Asegúrate de que tienes un detector de humos que funcione correctamente en la habitación donde duerme el bebé y compruébalo tantas veces como aconseje el fabricante.

- No coloques a tu bebé para que duerma cerca de una ventana, persiana, cordones o cualquier otro objeto que cuelgue.

- Si tu bebé está enfermo o tiene fiebre, llama enseguida al médico o al hospital.

- Cumple todas las revisiones médicas periódicas de tu bebé.

- No sacudas ni golpees a tu bebé. (La *National Commission on Sleep Disorders Research* menciona que el abuso a menores se produce a menudo cuando los padres no pueden dormir, como desahogo de su enfado. Si sientes que vas a perder el control con tu bebé, colócalo en un lugar seguro o déjalo con otro cuidador y tómate un respiro).

- Nunca le cuelgues el chupete al cuello con una cadena, lazo o cordón porque podría hacerse daño en el cuello o en las manos.

- Sigue todas las normas de seguridad cuando el bebé duerma fuera del hogar, ya sea en un carrito, un cochecito o en un lugar que no sea el habitual. Tómate más tiempo y asegúrate de crear un lugar seguro para que tu bebé duerma dondequiera que esté.

- No dejes nunca a tu bebé desatendido mientras esté en un cochecito, silla de bebé, balancín o carrito.

- Nunca dejes que un animal doméstico se acerque al bebé mientras esté dormido.

- Aprende a practicar las técnicas de reanimación cardiopulmonar para menores. Asegúrate de que todos los cuidadores de tu bebé saben practicarla.

- Mantén el entorno de tu bebé limpio. Lava las sábanas a menudo. Lávate las manos después de cambiarle los pañales y antes de alimentarle. Lávale las manos y la cara con frecuencia.

- Dale el pecho siempre que sea posible. La leche materna disminuye el riesgo de padecer ciertas enfermedades e infecciones, lo que a su vez disminuirá el riesgo de sufrir SMSL y otros problemas de salud.

- Presta atención a tu propia salud y bienestar. Si tienes sensaciones de ansiedad, pánico, confusión, tristeza, rechazo, irritabilidad o desasosiego puede que estés sufriendo una depresión post-parto. Acude a tu médico y explícale los síntomas. Esta enfermedad es común y tiene tratamiento.

Precauciones generales de seguridad para canastos y cunas

- Asegúrate de que la cuna de tu bebé cumple con las normativas de seguridad estatales, los estándares de la industria y las recomendaciones más recientes de la CPSC * (cpsc.gov). Busca el sello de certificación de seguridad cuando compres la cuna. Evita usar una cuna o canasto viejo o de segunda mano.

- Asegúrate de que el colchón está bien encajado en la cuna o canasto sin que exista ningún hueco a los lados. Si caben más de dos dedos entre el colchón y el lateral de la cuna o el canasto, el colchón no es el adecuado.

- Asegúrate de que las sábanas de la cuna están bien entalladas y de que el bebé no las puede soltar fácilmente, pues podría liarse con ellas. No utilices protectores de colchón de plástico ni dejes ninguna bolsa de plástico cerca de la cuna.

- Retira los lazos, cintas o cadenas decorativas. Si utilizas chichoneras, debes asegurarte de que rodean la cuna completamente y de que están bien seguras. Átalas firmemente y corta todos los trozos que cuelguen.

---

* Siglas de la *Consumer Product Safety Commission*, es una agencia federal que, en Estados Unidos, se ocupa de salvaguardar a los consumidores de daños o muertes asociadas al uso o ingestión de productos antes y después de que estén presentes en el mercado.

- Retira los protectores antes de que tu bebé pueda levantarse a gatas. Si el bebé puede levantarse por sí solo, asegúrate de que el colchón está colocado en la posición más baja posible. También inspecciona el área alrededor de la cuna para asegurarte de que no hay peligro si el bebé se sale de ella.

- Asegúrate de que todos los tornillos, cerrojos, muelles y demás objetos están bien sujetos y compruébalos de vez en cuando. Sustituye inmediatamente cualquier pieza que falte o que esté rota. (Ponte en contacto con el fabricante para conseguir piezas de recambio.) Asegúrate de que el canasto o cuna tiene una base sólida, amplia y estable para evitar que se tambalee o se incline cuando el bebé se mueva en su interior. Comprueba que todas las tablillas están bien seguras y estables y que existe una separación de 60 mm como mucho entre cada una de ellas.

- Los barrotes de las esquinas no deben extenderse más de 1,5 mm por encima de la parte superior del último panel. No utilices una cuna que tenga mangos decorativos en los barrotes de las esquinas y evita que los diseños de un cabecero o un piecero presenten peligros tales como bordes afilados, puntas o piezas que puedan aflojarse o quitarse. Levanta siempre la barandilla lateral y ciérrala. Asegúrate de que tu bebé no puede jugar con los pestillos laterales.

- No cuelgues objetos, como juegos o lámparas, por encima de un bebé que se encuentre durmiendo o desatendido. El juguete puede caer encima de tu bebé o el niño puede alcanzarlo y tirarlo dentro de la cuna.

- Si utilizas una cuna portátil, asegúrate de que los dispositivos de cierre estén ajustados de forma correcta y segura.

- Asegúrate de que tu bebé se encuentra a una distancia desde la cual puedas oírlo si estás en otra habitación o que dispones de un interfono fiable para bebés.

- Comprueba las instrucciones del fabricante acerca de los límites de tamaño y peso sugeridos para cualquier canasto o cuna. Si la cuna no tiene ninguna etiqueta informativa, llama o escribe al fabricante para conseguir esta información.

- Cualquier cuna o canasto en donde duerma tu bebé, ya sea dentro o fuera de casa, debe cumplir los requisitos de seguridad mencionados anteriormente.

Precauciones generales de seguridad acerca de dormir con tu bebé

La seguridad a la hora de llevar a un bebé a la cama de un adulto ha sido un tema muy debatido. En nuestro caso, nuestros cuatro hijos siempre han sido bien recibidos en nuestra cama. Mi esposo Robert y yo hemos permitido que compartan nuestra cama y que disfruten de la idea de dormir en la cama de matrimonio. Pero, si decides compartir la cama con tu bebé, es de extrema importancia que conozcas y apliques unas determinadas medidas de seguridad recomendadas.

Sin embargo, con el fin de mantenerte informado y presentar una reclamación legal debo recordarte que en 1999 la *Consumer Product Safety Commissión* (CPSC) de los EE.UU. hizo pública su recomendación de no dormir con un bebé menor de dos años. A pesar de esto, algunas encuestas muestran que al igual que nosotros, el 70 por ciento de los padres comparten la cama con su bebé durante toda la noche o parte de ella. La mayoría de los padres que *eligen* dormir con su bebé están completamente convencidos del beneficio de esta práctica y encuentran muchas ventajas en ella.

La advertencia de la CPSC es controvertida y ha suscitado un fuerte debate entre los padres, médicos y expertos en desarrollo infantil sobre lo acertado y apropiado de esta recomendación. Muchos expertos creen que este problema requiere más investigación.

Hasta el momento, es muy importante que investigues sobre los diferentes puntos de vista al respecto y tomes la decisión más adecuada para tu familia. Incluso aunque en un principio no te atraiga la idea de compartir la cama con tu bebé, puede que te decidas a hacerlo más adelante si sabes que puede ser beneficioso para tu familia.

La siguiente lista de seguridad y referencias acerca de dormir con tu hijo no pretende ser considerada como una autorización, sino que tiene el propósito de ofrecer información a aquellos padres que, después de investigar sobre este asunto, estén interesados en compartir la cama con su bebé.

Sea cual sea la opción que elijas, es importante tomar precauciones de seguridad. Si tu bebé duerme contigo, bien durante las siestas o por la noche, debes seguir estas directrices:

- La cama debe ser completamente segura para tu bebé. La mejor opción es colocar el colchón en el suelo, para asegurarte de que no hay ninguna grieta en la que tu bebé pueda quedar atrapado. Asegúrate de que el colchón es liso, firme y suave. No permitas que tu bebé duerma en una superficie blanda como una cama de agua, la almohada o cualquier otra superficie blanda.

- Asegúrate de que las sábanas están bien ajustadas y que no se pueden soltar.

- Si la cama está demasiado alta, utiliza barandillas para evitar que el bebé se caiga rodando de la cama y pon especial cuidado en que no haya espacio entre el colchón y el cabecero o el piecero. Algunas barandillas están diseñadas para niños mayores y no son seguras para los bebés porque tienen separaciones entre las que podrían quedar atrapados.

- Si la cama está situada contra la pared u otro mueble, comprueba cada noche que no hay espacio entre el colchón y la pared o el mueble en donde el bebé se pueda quedar encajado.

- Los niños deben colocarse entre la madre y la pared o la barandilla. Los padres, hermanos, abuelos y niñeras no tienen el mismo instinto acerca de la ubicación del bebé que tienen las madres. Madres, prestad especial atención a la sensibilidad que habéis desarrollado acerca de los movimientos y ruidos que haga vuestro bebé. Vuestro pequeño debería despertaros con el más leve movimiento o ruido; a menudo un simple bostezo o estornudo es suficiente para despertar a una madre. Si observas que tu bebé tiene un fuerte llanto, deberías considerar seriamente sacar al bebé de la cama y quizás ponerlo en una cuna o canasto cerca de ti.

- Usa un colchón grande para que los dos os podáis mover libremente.

- Considera como una opción la modalidad «sidecar» en la que la cuna o canasto se coloca directamente junto a la cama principal.

- Asegúrate de que la habitación donde duerme el bebé y cualquier habitación a la que el bebé tiene acceso es segura. Imagina a tu bebé gateando fuera de la cama para explorar la casa mientras duermes. Aunque no lo haya hecho aún, puedes estar segura de que lo hará algún día.

- Nunca duermas con tu bebé si has estado bebiendo alcohol o consumiendo drogas o medicamentos; tampoco debes hacerlo si tienes un sueño especialmente profundo o estás especialmente cansada y tienes dificultades para despertarte.

- No duermas con tu bebé si eres una persona corpulenta, ya que el exceso de peso de los padres supone un riesgo para el niño. Como no te puedo dar una ratio específica del peso de los padres frente al bebé, puedes examinarte y comprobar la diferencia de tamaño entre tu bebé y tú. Si el bebé se resbala hacia ti en la cama, si hay una hendidura grande en el colchón o si sospechas que puede producirse cualquier otra situación peligrosa a la hora de dormir con tu bebé, actúa con seguridad y cambia al bebé a una cuna o canasto al lado de la cama.

- Quita todas las mantas y almohadas durante los primeros meses. Presta especial precaución a la hora de utilizar almohadas o mantas a medida que tu bebé va creciendo. Vístete y viste a tu bebé con ropas de abrigo. (Un consejo para las mamás que están dando el pecho: usa un viejo jersey de cuello cisne o una camiseta abierta a la mitad hasta el cuello a modo de ropa interior para dar más calor). Ten en cuenta que el calor corporal aumenta durante la noche; asegúrate de que tu bebé no pasa calor.

- No uses ningún pijama con cordones o lazos largos. No lleves puesta ninguna joya y si tienes el pelo largo, sujétatelo.

- No uses perfumes o lociones de aromas fuertes que puedan afectar a los delicados sentidos de tu bebé.

- No permitas que los animales domésticos duerman en la cama con tu bebé.

- No dejes nunca a tu bebé solo en una cama de adulto a menos que sea completamente segura.

- En el momento de publicación de este libro, todavía no existían en el mercado dispositivos diseñados especialmente para la seguridad del bebé que duerme con sus padres. Sin embargo, como resultado del gran número de padres que desean dormir con sus bebés en condiciones de seguridad, están empezando a aparecer un gran número de nuevos productos en catálogos y en establecimientos de bebés. Puede que desees investigar sobre alguno de estos artilugios.

2

Aprende las características básicas del sueño

Muchos libros sobre los bebés y el sueño sugieren a los padres que lean un libro sobre los fundamentos del sueño humano antes de actuar. Si cuando lees uno de estos libros tienes la sensación de que empieza a entrarte sueño antes de terminar el primer capítulo, eso significa que su lectura no te va a servir de mucha ayuda: no vas a aprender las teorías, ni vas a llevar a cabo el plan, ni se va a resolver tu problema y, además, vas a formar parte del grupo de padres resignados a no dormir durante otros dos o tres años más.

Por este motivo, en este libro sólo te voy a facilitar, sin más preámbulos, los conceptos básicos que debes saber acerca de las características básicas del sueño. De esta forma, lograrás el objetivo por el que estás leyendo este libro: diseñar y mejorar un plan de sueño adecuado para tu bebé y para ti.

¿Cómo dormimos?

El proceso que seguimos es el siguiente: nos quedamos dormidos, dormimos durante toda la noche y después nos despertamos por la mañana. ¿No es así? No, no es así. Por la noche pasamos por distintas etapas del ciclo del sueño y la transición de una etapa a otra describe una trayectoria en forma de ola. Pasamos de un sueño ligero a un sueño profundo o a etapas en las que soñamos a lo largo de toda la noche. Entre cada uno de estos estados, a veces casi nos despertamos unos instantes, pero no llegamos a hacerlo del todo. Podemos llegar a doblar una almohada, estirar la manta e incluso enroscarnos de nuevo pero, por norma general, nos volvemos a dormir sin tener el más leve recuerdo de ese instante. Nuestro sueño se rige por una especie de reloj corporal al que los científicos se refieren como reloj biológico o ritmo circadiano (del latín *circa diem*) y, curiosamente, han descubierto que este reloj se pone en marcha cada veinticinco horas, lo que implica que debemos reiniciarlo continuamente. Normalmente lo hacemos con nuestras rutinas diarias de dormirnos-despertarnos y según estemos expuestos a la luz del día o a la oscuridad de la noche.

Dicho reloj también está preparado para que ciertas horas del día sean apropiadas para dormir o para estar despierto, lo cual explica por qué las personas que trabajan con turnos cambiantes tienen tantos problemas de sueño y de desfase, y también explica el motivo por el que es más difícil levantarse los lunes por la mañana. Los cambios de horarios que se han hecho durante el fin de semana (levantarse y acostarse más tarde) hacen que el reloj tenga que ponerse de nuevo en marcha para levantarse el lunes cuando suene la alarma del despertador.

De esta manera, los ritmos circadianos afectan a cómo se encuentra nuestra atención durante las distintas partes del día. Como ya hemos mencionado anteriormente, existen periodos del día que son más propicios por naturaleza para estar dormidos o despiertos. Nuestro cerebro intenta encontrar el equilibrio bioquímico entre sueño y vigilia, y cuando la balanza se inclina más hacia el sueño nos sentimos cansados. Así se explica por qué muchas personas tienen una sensación de cansancio a media tarde, del mismo modo que algunas culturas tienen la costumbre de incluir una siesta (por la tarde) en su rutina diaria. Nuestro reloj biológico hace que por las tardes suframos una pérdida de energía, lo que nos causa sueño y, a continuación, entremos en un periodo de energía que nos mantendrá despiertos hasta la noche, tras la puesta de sol en la que empezamos a sentir sueño. Estas fases del sueño varían a lo largo de nuestras vidas de forma que los periodos de sueño de un bebé no son como los de un niño, los de un niño no son como los de un adulto y los de éste no son como los de las personas mayores.

¿Cómo duermen los bebés?

Los bebés no nacen con los ritmos circadianos de los adultos, sino que tienen distintos ciclos tanto durante el día como por la noche. Estos ciclos se irán estableciendo de manera gradual en una serie de etapas más definidas de siestas y sueño nocturno.

El reloj biológico de los bebés empieza a madurar alrededor de las seis o nueve semanas de vida y no empieza a regularse hasta los cuatro o cinco meses. A medida que el reloj vaya madurando, el bebé conseguirá estar despierto la mayor parte del día y dormido la mayor parte de la noche. A partir de los nueve o diez meses, los periodos de sueño del bebé se van consolidando de manera que normalmente se acuesta y se levanta a la misma hora, aumentando la duración de estos periodos.

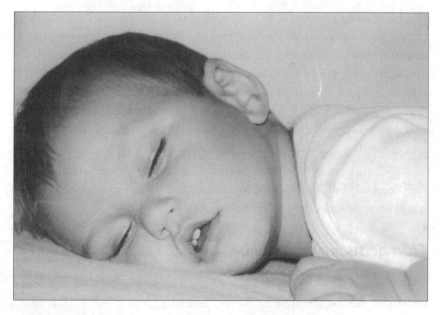

Gavin, 10 meses

Ahora que sabemos que el reloj biológico es el principal regulador de los periodos de sueño y vigilia diarios, es más fácil comprender por qué los bebés no duermen toda la noche y por qué esto afecta a los padres.

Los bebés tienen los mismos ciclos de sueño que las personas adultas solamente que éstos son más cortos y más frecuentes. Además, los bebés pasan más horas de sueño a la luz del día que los adultos y mientras duermen sufren más a menudo esos breves instantes en los que casi se despiertan que mencionamos anteriormente. Existen dos razones por las que un bebé duerme como tal.

La primera es el desarrollo. Los periodos del sueño de los bebés contribuyen al crecimiento del cerebro y a su desarrollo físico. Los bebés crecen a una velocidad vertiginosa durante los primeros dos años de vida y los periodos de sueño reflejan sus necesidades biológicas que son completamente distintas de las de un adulto.

La segunda razón es la supervivencia. Los bebés pasan gran parte de su tiempo en un periodo de sueño ligero, por lo que es más probable que se despierten en determinadas circunstancias que no son ni muy cómodas ni muy agradables, tales como: hambre, humedad, incomodidad o malestar. De este modo opina el prestigioso pediatra y autor del libro *The Baby Book (Little, Brown and Company 1993)*, el Dr. William Sears: «Animar a los bebés a que duerman más profundamente demasiado pronto seguramente no contribuye a su desarrollo».

Todos los estadios del sueño son importantes para el crecimiento y desarrollo de un bebé; al ir madurando, también lo hará su ciclo de sueño, por lo que la consolidación del sueño es un proceso biológico.

Ciclo de sueño de un bebé

Comprender que un bebé sigue natural y necesariamente un determinado ciclo de sueño es imprescindible para entender los problemas que tiene a la hora de dormirse.

El ciclo de sueño nocturno de un bebé normal es el siguiente:

Soñoliento; se queda dormido
Sueño ligero
Sueño profundo durante una hora
Instante de breve despertar
Sueño profundo durante una o dos horas
Sueño ligero
Instante de breve despertar
Movimiento rápido del ojo (REM); soñando
Instante de breve despertar
Sueño ligero
Instante de breve despertar
REM (soñando)
Instante de breve despertar
Por la mañana: otro periodo de breve despertar
Instante de sueño profundo
REM (soñando)
Sueño ligero
Despierto durante el día

¿Cuáles son los motivos de tus problemas de sueño? Los instantes de breve despertar

Ahora ya sabes que los instantes de breve despertar (despertares nocturnos) forman parte de los periodos de sueño del individuo, sea cual sea la edad. Todos los bebés los sufren, pero la diferencia respecto a los adultos es que éstos necesitan que los cuidemos en esos instantes de manera que la figura paterna esté siempre presente. Esta idea fue la clave de mi investigación y ahora que comprendemos los ciclos nocturnos y su fisiología parece algo realmente obvio. Muchas veces, cuando los bebés se despiertan con frecuencia por las noches no es porque tengan hambre o estén mojados o sedientos o incluso se sientan solos, sino que simplemente están cansados y deseosos por dormirse, quizás igual que sus padres, pero ellos no tienen ni la menor idea de cómo hacerlo.

Imagínatelo: te quedas dormido en tu cómoda y cálida cama con tu almohada favorita y tu manta suave. Cuando ocurre el primero de los despertares puede que cambies de posición, tires de la manta y te vuelvas a dormir sin el más leve recuerdo de lo que ha sucedido.

¿Qué ocurriría si de repente te levantases y te encontrases con que estás durmiendo en el suelo sin nada más, ni mantas ni almohada? ¿Crees que podrías darte la vuelta simplemente y volverte a dormir? Yo creo que no. Lo más seguro es que te levantases sobresaltado, preguntándote qué haces allí, te asustases un poco, fueses a la cama y, finalmente, después de encontrarte cómodo, volvieras a dormirte. Pero esta vez no podrías tener un sueño demasiado profundo ya que estarías aún preocupada por volverte a despertar en el suelo de la cocina. Lo mismo ocurre con tu bebé, acostumbrado a que le mezas, le des el pecho, el biberón o cualquier otro tipo de ayuda para dormirlo. Tu bebé se queda dormido mientras le estás dando el pecho o el biberón, meciéndolo o con su chupete en la boca, y de repente se despierta y se pregunta: «¿qué ocurre?, ¿dónde estoy?, ¿dónde están papá y mamá?, ¡quiero que todo esté como cuando me quedé dormido! ¡Buaaaaa!».

El bebé asocia ciertas cosas al proceso de quedarse dormido y por ello cree que las necesita para volverse a dormir. En el caso de mi bebé, Coleton, durante sus primeros meses de vida pasó mucho tiempo entre mis brazos o en mi regazo, meneando su cabecita con el sonido del teclado del ordenador. Se quedaba dormido siempre a mi lado y para ello siempre tenía que mamar, tanto durante las siestas de la tarde como por la noche. Cuando me quise dar cuenta tenía doce meses y había desarrollado una estrecha asociación entre quedarse dormido y mamar.

Esta filosofía de asociación del sueño la puedes encontrar en cualquier libro que hable sobre el sueño del bebé, pero no se han dado ningunas soluciones posibles para acabar con ella fácilmente. Con esta intención, se recomienda utilizar el método de dejarle llorar. En mi opinión –que me imagino también es la tuya, ya que has elegido este libro– creo que ésta es una manera demasiado fría y dura para enseñarle al niño una nueva asociación, sobre todo porque está acostumbrado a relacionar el sueño con acciones tan agradables como tomar el pecho o biberón, o ser mecido entre los brazos de sus padres. (Y, ¿cuál es la nueva asociación? Llorar sin parar solo en la cuna es la nueva forma de quedarse dormido. No parece ser una opción muy agradable).

En el capítulo 4 se explican las alternativas al método de dejarle llorar; todas ellas son distintas formas de ayudar a tu bebé a que cree nuevas asociaciones de sueño de una manera agradable. (Para sacar el máximo provecho de este libro, sigue todos los pasos en orden. Aprender las características básicas del sueño es un paso muy importante: no intentes correr, tómatelo con calma).

¿Cuál es el problema del sueño?

Como ya hemos visto, durante el primer año de su vida, el bebé se despierta frecuentemente por la noche; esto no es un problema sino un factor biológico. La raíz del problema se encuentra en nuestra necesidad de que el niño duerma durante toda la noche sin despertarse, es decir, en cómo creemos que el bebé debería dormir. Somos nosotros quienes queremos y necesitamos dormir toda la noche sin interrupciones para poder responder al día siguiente a nuestras obligaciones diarias. Se trata de intentar cambiar el comportamiento de nuestro bebé con tacto y delicadeza, sin que sufra alteraciones, con el fin de cubrir nuestras propias necesidades.

¿Cuánto necesitan dormir los bebés?

La tabla 2.1 pretende ser una guía general. Cada bebé es diferente, unos necesitan más (o menos) sueño que otros, pero la gran mayoría tienen necesidades similares de sueño. Si los periodos de sueño de tu bebé no son similares a los que aparecen en el gráfico, puede que sufra cansancio crónico, lo cual afectará a la calidad y cantidad de su sueño. Puede que, a simple vista, no parezca que esté agotado, al menos como nosotros creemos que debería parecerlo, ya que los bebés agotados, al contrario de lo que nosotros pensamos, no siempre actúan como si estuviesen cansados, sino que a menudo dan muestras de hiperactividad y nerviosismo. En algunos casos puede que incluso se resistan a dormirse, ya que no saben que en realidad es lo que necesitan. Esta guía te puede ser muy útil a la hora de analizar los hábitos de sueño de tu bebé.

Testimonios de madres

«Esto explica la manera de comportarse de Melissa. Cuando está agotada se pone nerviosa, intranquila, lucha por no dormirse como si fuese lo último que quisiese. Y si encima no consigue echarse una siesta, por la noche duerme mucho menos y se despierta más veces».

Becky, madre de Melissa, 13 meses

Tabla 2.1. Promedio de horas de sueño del bebé durante el día y la noche

Edad	Número de siestas	Duración total de horas de siesta	Horas de sueño nocturno*	Total de horas de sueño nocturno y siestas
Recién nacido**				
1 mes	3	6-7	8½-10	15-16
3 meses	3	5-6	10-11	15
6 meses	2	3-4	10-11	14-15
9 meses	2	2½-4	11-12	14
12 meses	1-2	2-3	11½-12	13-14
2 años	1	1-2	11-12	13
3 años	1	1-1½	11	12
4 años	0	0	11½	11½
5 años	0	0	11	11

* Estos son promedios y no se refieren a periodos de sueño sin interrupciones.

** Los bebés recién nacidos duermen entre 16 y 18 horas diarias distribuidas uniformemente entre 6 y 7 periodos de sueño.

¿Qué sabemos sobre la alimentación nocturna?

Todos hemos oído hablar alguna vez acerca de bebés de tres meses que duermen de un tirón todas las noches sin despertarse para comer. El motivo por el cual estos bebés duermen tan profundamente es todo un misterio, pero cuando oímos hablar de ellos enseguida llegamos a la conclusión de que todos los bebés deben dormir de esta manera y nos sentimos totalmente frustrados si nuestro pequeño de cinco, ocho o incluso doce meses en algunos casos se despierta dos veces por la noche para comer.

Para mi sorpresa, los especialistas en esta materia, incluso los inclinados por la teoría de dejarlos llorar, están de acuerdo en que muchos bebés, hasta la edad de doce meses, se sienten realmente hambrientos a las cuatro horas de sueño y recomiendan que, en caso de que el bebé se despierte con hambre, se le dé de comer inmediatamente.

Testimonios de madres

«Algunas veces cuando Carrson se despierta por las noches con hambre, puedo oír como ruge su barriguita».

Pia, madre de Carrson, 8 meses

Asimismo, los expertos opinan que un bebé no sólo puede querer, sino que también puede necesitar, una o dos comidas por las noches hasta los 19 meses de edad para crecer y desarrollarse bien. El Dr. Sears afirma que incluso algunos bebés de 18 meses pueden necesitar comer antes de acostarse para aguantar sin comer hasta la mañana siguiente. También es cierto que es difícil averiguar si tu bebé está realmente hambriento o si tan sólo se trata de que está acostumbrado a tomar el pecho o el biberón. A medida que vayas siguiendo los pasos que se mencionan en este libro, tu bebé empezará a despertarse menos veces en busca de compañía y será más fácil averiguar si se despierta por qué está realmente hambriento.

Testimonios de madres

«Cuando Emily empezó a entenderme, le preguntaba ¿tienes hambre? y si me decía que sí, bajaba con ella a la cocina a por un tentempié. Esto no duró mucho tiempo ya que se dio cuenta de que prefería quedarse en la cama».

Christine, madre de Emily, 18 meses

A medida que madura el sistema alimenticio del bebé, éste aguantará sin comer por la noche durante mayores periodos de tiempo. Se trata de un proceso biológico.

Las investigaciones llevadas a cabo sobre este tema demuestran que darle comida sólida antes de acostarse no le ayudará a dormir durante más tiempo, aunque muchas madres digan lo contrario. Si tu médico te dice que ya puedes darle comida sólida a tu bebé, puedes probar a ver qué ocurre. Pero no tengas prisa, los bebés que toman comida sólida demasiado pronto suelen tender a desarrollar más alergias a los alimentos, por lo que es mejor no hacerlo.

Ya has podido averiguar cuál es la razón por la que si tu bebé se despierta después de haber dormido durante cuatro horas y tiene hambre, debes darle de comer (sobre todo si tiene menos de cuatro meses). Puede que de esta manera se despierte después de otras cuatro horas, en lugar de despertarse más a menudo porque tiene hambre. Además, los bebés crecen de forma que si comen más durante el día, también comerán más durante la noche.

¿Cuáles son las expectativas reales?

La mayoría de los bebés se despiertan por la noche dos o tres veces hasta los seis meses, una o dos veces hasta el año y, en algunos casos, una vez entre el año y los dos años.

Se puede decir que un bebé duerme durante toda la noche cuando duerme 5 horas seguidas, normalmente entre las 12:00 y las 5:00.

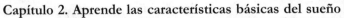

Aunque esto no se corresponda con lo que tú entiendes como dormir durante toda la noche, se trata del criterio con el que podemos medir el sueño del bebé; son cinco horas, no las 8, 9 ó 10 horas que nos gustaría a nosotros. El problema de todo esto es que si tu bebé se duerme a las 19:00 y tú sigues con tus obligaciones diarias, probablemente cuando te vayas a ir a la cama, tu bebé ya habrá dormido durante cuatro horas y necesitará de tu atención.

Pero la buena noticia es que si tu bebé está preparado biológicamente, podrás estimularle para que llegue a esas cinco horas de sueño y una vez que lo consiga, podrás hacer que se vayan alargando poco a poco. En este libro aprenderás a conseguirlo.

¿Cuál es el modo correcto de enseñar a dormir a tu bebé?

William C. Dement, Doctor en Medicina, considerado una autoridad mundial en los estudios relacionados con el sueño, los problemas y las alteraciones del sueño y fundador del primer centro mundial de estudios de alteraciones del sueño en la Universidad de Stanford, menciona en su libro *The Promise of Sleep (Dell Trade PaperBack, 2000)*:

> No se ha llevado a cabo ningún experimento para enseñar a dormir a un niño, pero se pueden hacer algunas conjeturas. No creo que se pueda imponer un patrón de sueño regular a un bebé nada más nacer, ni que nadie deba ni siquiera intentarlo. Sus relojes biológicos necesitan madurar antes de que puedan empezar a regirse por las horas del día. Además, las mismas pistas por las que se rige nuestro reloj biológico deben ser las que funcionen en los relojes de los bebés cuando hayan madurado.
>
> Una vez que sepas cuántas horas de sueño necesita tu bebé, la estrategia más importante para mejorar sus horas de sueño consiste en establecer unas rutinas diarias y seguirlas. Entre los cinco meses y los cinco años, las claves sociales que los padres impongan a los bebés serán el factor principal que influirá en sus patrones de sueño.

Según el Dr. Dement, al establecer rutinas, claves y asociaciones con las horas de sueño, podrás mejorar el sueño de tu bebé. Este libro te ayudará a establecer las rutinas según las necesidades de tu bebé y de tu familia.

Ahora que ya conoces algunas características básicas, podrás utilizar estos conocimientos para poder elaborar tu plan de sueño. El primer paso que debes llevar a cabo, tal como aparece en el próximo capítulo, será crear registros de sueño que te servirán para hacerte una idea de cómo duerme tu bebé. Una vez que hayas identificado cuáles son las causas que hacen que tu bebé no duerma, pasaremos a buscar soluciones que te ayuden a dormir a tu bebé por la noche –plácida y felizmente– sin necesidad de que requiera de tu constante atención y, por supuesto, *sin dejarle llorar.*

3

Crea tus propios registros de sueño

Ya es hora de ponerse manos a la obra. El primer paso que debes dar para cambiar el sueño de tu bebé consiste en hacerte una idea de cuál es su patrón de sueño actual; para ello, tendrás que realizar un registro del comportamiento de tu hijo tanto por el día como por la noche. Puedes utilizar los formularios en blanco que encontrarás al final de este capítulo.

Este paso es de vital importancia, por lo que no debes obviarlo aunque estés impaciente por encontrar una solución a tus problemas de sueño. Una vez que averigües exactamente cómo duerme tu bebé, podrás decidir cuáles son las ideas que mejor se adaptan a tu situación, de modo que con la información que obtengas de los registros, podrás hacer los ajustes necesarios para que tu plan tenga éxito. Es muy sencillo.

Manos a la obra

Empieza por elegir un día para tomar nota de los registros de sueño. El primer paso será apuntar los detalles sobre las siestas de tu bebé en los registros de las siestas.

Es muy importante que sepas exactamente cuánto tarda tu bebé en dormirse, dónde y cuándo se duerme y cuánto duran estas siestas.

Como los sueños durante las siestas tienen una gran influencia sobre los sueños nocturnos, los datos que recopiles en estas siestas te serán de gran utilidad a la hora de decidir qué cambios debes hacer en la rutina de sueño de tu bebé.

Éstos son los registros de sueño de mi hijo Coleton:

Registros de siestas de Coleton. 12 meses

Hora a la que se duerme el bebé	Cómo se queda dormido	Dónde se queda dormido	Dónde duerme	Durante cuánto tiempo
13:20	Dándole el pecho durante 40 minutos	En la cama conmigo	En la cama solo	48 minutos

Al final del capítulo encontrarás un formulario en blanco en el que puedes anotar tus propios registros de siestas.

El mismo día que completes el formulario de registros de siestas, también debes completar el de registros de rutinas antes de acostarse. Esta información te será muy útil a la hora de decidir si tus acciones le ayudan a la hora de llevarlo a la cama y si contribuyen a que tu bebé duerma bien. Empieza por registrar lo que haces una o dos horas antes de la hora de dormir e inclúyelo en el registro de rutinas antes de acostarse que encontrarás en la página 38.

En cada paso debes anotar la hora, las actividades que se realizan y los niveles de estos tres aspectos:

1. Actividad: activo, moderado, tranquilo.

2. Ruido: alto, moderado, bajo.

3. Luminosidad: alta, media, baja.

Tu registro te ayudará a averiguar cuál es la rutina diaria nocturna (o la ausencia de ella). A continuación puedes echar un vistazo al primer registro de rutina diaria de mi hijo Coleton. Puede que descubras, como me ocurrió a mí, que las horas anteriores a llevar a la cama a tu bebé no son todo lo tranquilas y calmadas que deberían ser. Más adelante, intentaremos crear unas rutinas tranquilas para la hora de acostarse, pero ahora presta atención a lo que está pasando en tu casa. Esto es lo que pasaba en la mía:

Registros de rutinas de Coleton antes de acostarse. 12 meses

Hora	Qué estábamos haciendo	Nivel de actividad	Nivel de ruido	Nivel de luminosidad
18:40	Llegamos a casa de compras; descargo el coche	Activo	Alto	Alta
19:00	Ponerle el pijama; darle el pecho	Tranquilo	Bajo	Baja
19:45	Jugar en el cuarto de Ángela, oír su nuevo CD, ordenar su colección de esmaltes de uñas	Moderado	Alto	Alta
20:00	Jugar con el avión y hacer cosquillas con papá	Muy activo	Muy alto	Alta
20:30	Ver la película de David y Vanessa	Activo	Muy alto	Alta
20:45	Tumbados en la cama, dándole el pecho	Tranquilo	Moderado	Baja
21:00	Levantada leyéndoles un libro a David y Vanessa	Tranquilo	Moderado	Media
21:20	De nuevo en la cama, tumbados, dándole el pecho para que se duerma	Tranquilo	Moderado	Baja
21:40	Se queda dormido			

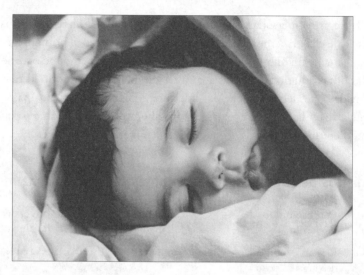

Anjali, 9 meses

Cuando hayas completado la información de los registros de antes de acostarse tu bebé, incluye también los de las veces que se despierta por la noche. La forma más fácil de hacerlo es tener un trozo de papel y un lápiz al lado de la cama (no un bolígrafo, ya que en la oscuridad un lápiz es más fiable) y colocarlo en un sitio que te resulte accesible cuando te despiertes por la noche. Asegúrate de que puedes ver un reloj desde donde estás y cada vez que se despierte tu bebé apunta la hora en el papel. Escribe también cómo se despertó (por un estornudo, llanto, movimiento) y toma nota también de lo que hiciste tú, por ejemplo, si le cambiaste los pañales, si estabas durmiendo con él y te levantaste, o si le diste el pecho, el biberón o le pusiste el chupete. Apunta también durante cuánto tiempo estuvo despierto o la hora a la que volvió a dormirse. No te preocupes por el hecho de que los detalles sean demasiado explícitos.

Por la mañana, nada más levantarte pasa tus notas al registro de horas de despertarse por la noche que aparece al final del capítulo (o crea uno en tu ordenador). Hazlo cuanto antes para que te resulte más fácil recordarlo.

Registros de horas de despertarse por la noche de Coleton. 12 meses

Hora	Cómo me despertó el bebé	Cuánto tiempo estuvimos despiertos, qué hicimos	Hora a la que se volvió a dormir	Cómo se volvió a dormir	Duración del periodo de sueño desde que se durmió
21:40	Se durmió tomando el pecho				
23:00	Estornudo	10 minutos, tomó el pecho	11:10	Tomando el pecho	21:40-23:00 1hora y media
00:46	Lloriqueo	5 minutos, tomó el pecho	00:51	Tomando el pecho	23:10-00:46 1 hora y media
1:55	Estornudo	10 minutos, tomó el pecho	2:05	Tomando el pecho	00:51-1:55 1 hora
3:38	Lloriqueo (pañales mojados)	25 minutos; le cambié los pañales, tomó el pecho	4:03	Tomando el pecho	2:05-3:38 1 hora y media
4:50	Estornudo	10 minutos, tomó el pecho	5:00	Tomando el pecho	4:03-4:50 3 cuartos de hora
5:27	Movimiento	15 minutos, tomó el pecho	5:42	Tomando el pecho	5:00-5:27 media hora
6:31	Movimiento	15 minutos, tomó el pecho	6:46	Tomando el pecho	5:42-6:31 3 cuartos de hora
7:02	Movimiento, haciendo ruido	20 minutos, tomó el pecho	7:22	Tomando el pecho	6:46-7:02 un cuarto de hora
7:48	Movimiento, haciendo ruido	Nos levantamos por la mañana			7:22-7:48 media hora

En la parte inferior de los registros de despertarse por la noche, hay un apartado en el que puedes escribir un resumen de la información que aparece en tu registro. Este resumen te será muy útil para ver los resultados de tus esfuerzos por sistematizar el sueño de tu bebé cuando pongas en práctica las ideas que aparecen en este libro. Éste es mi resumen:

Hora de dormirse: 21:40.
Hora de despertarse: 7:48.
Total de horas de despertares: 8 horas.
Intervalo de sueño más largo: 1 hora y media.
Total de horas de sueño: 8 horas y cuarto.

Cuando hayas completado los tres registros, contesta a las preguntas que aparecen a continuación. Si este libro no es tuyo, fotocopia las páginas de registro o escribe la información en cualquier folio en blanco.

Una vez lo hayas hecho, pasa al capítulo 4, te aseguro que más adelante encontrarás unas ideas estupendas que te servirán para tener sueños tranquilos y maravillosos.

Registros de siestas

Nombre del bebé: _____

Edad: _____

Fecha: _____

Hora a la que se duerme el bebé	Cómo se queda dormido	Dónde se queda dormido	Dónde duerme	Durante cuánto tiempo

1. Revisa la tabla 2.1:

   ¿Cuántas siestas debería echarse tu bebé? _____

   ¿Cuántas siestas se está echando ahora? _____

   ¿Cuántas horas debería dormir tu bebé durante la siesta? _____

   ¿Cuántas horas está durmiendo tu bebé durante la siesta? _____

2. ¿Tiene una rutina de siesta estable? _____

3. ¿Duran lo mismo las siestas de tu bebé todos los días? _____

Registros de rutinas antes de acostarse

Nombre del bebé: _____

Edad: _____

Fecha: _____

Clave:

Actividad: activo, moderado, tranquilo

Ruido: alto, moderado, bajo

Luminosidad: alta, media, baja

Hora	Qué estábamos haciendo	Nivel de actividad	Nivel de ruido	Nivel de luminosidad

1. ¿Sigues una rutina estable antes de acostarlo?_____

2. La hora anterior a acostarlo, ¿suele ser la mayoría de las veces tranquila, sin apenas ruidos y con una luminosidad media?_____

3. ¿Te ayuda tu rutina diaria a relajarte y a que a tu bebé y a ti os entre sueño?____

4. Otras observaciones sobre la rutina de acostarse actual _____
_____
_____

Registros de horas de despertarse por la noche

Nombre del bebé: _____

Edad: _____

Fecha: _____

Hora	Cómo me despertó el bebé	Cuánto tiempo estuvimos despiertos, qué hicimos	Hora a la que se volvió a dormir	Cómo se Volvió a dormir	Duración del periodo de sueño desde que se durmió

Hora de dormirse: _____

Hora de despertarse: _____

Total de horas de despertares: _____

Intervalo de sueño más largo: _____

Total de horas de sueño: _____

Preguntas sobre el sueño

1. Revisa de nuevo la tabla 2.1:

   ¿Cuántas horas debería dormir tu bebé por la noche? _____

   ¿Cuántas horas está durmiendo tu bebé por la noche? _____

   ¿Cuántas horas debería dormir tu bebé durante la siesta? _____

   ¿Cuántas horas de siesta y sueño nocturno debería dormir tu bebé? _____

   ¿Cuántas horas de siesta y sueño nocturno duerme tu bebé ahora? _____

   ¿Qué diferencia de horas hay entre las sugeridas y las que realmente duerme tu bebé?

   Duerme _____ horas de menos

   Duerme _____ horas de más

2. ¿Es constante (dentro de un margen de media hora) la hora de irse a la cama de tu bebé todas las noches? _____

3. ¿Ayudas siempre o casi siempre a tu bebé para que se vuelva a dormir o se duerme solo? _____

   ¿Cómo lo haces? _____

4. ¿Qué has aprendido sobre el sueño de tu bebé al elaborar este registro? _____
   _____
   _____
   _____

4

Revisa y elige un método
para dormir

Tras realizar una comprobación de las condiciones de seguridad, analizar las características básicas del sueño y completar tus registros de sueño iniciales, estás listo para empezar a actuar. Podrás crear un plan de sueño personalizado para tu bebé, basado en las ideas que encontrarás en este capítulo.

Te recomiendo encarecidamente que recopiles todas las sugerencias que consideres adecuadas para ti y para tu bebé. Aplícalas durante un periodo de tiempo para que puedan surtir efecto, por lo menos durante dos o tres semanas. Una o dos noches no son suficientes para probar su validez. Este plan no es rápido, pero funcionará y te permitirá ayudar a tu bebé a dormir mejor. Sólo necesitas buscar soluciones, organizar tu plan, marcarte un objetivo y llevarlo a cabo.

Las ideas que aparecen en este capítulo se dividen en dos partes: la primera estará dedicada a los recién nacidos, la segunda a los bebés de más de cuatro meses. Éstas se describen claramente en otras tantas secciones. En la de los bebés mayores, las ideas vienen diferenciadas según cinco tipos de bebés, de modo que te resulte más fácil identificar tu propia situación:

- Bebés que maman.

- Bebés que toman biberón.

- Bebés que duermen en cunas.

- Bebés que duermen con los padres.

- Bebés que usan el chupete.

Muchas de estas características son aplicables a todos los bebés. Léelas y apunta las que creas que pueden contribuir a que tu bebé duerma mejor.

A continuación, anota la información en el plan de sueño personal que empieza en el capítulo 5, así tendrás todas las ideas en un mismo lugar para que te resulte más fácil encontrarlas como referencia.

Una vez que estén listas todas tus soluciones, puedes llevar a cabo tu plan personal. Si lo prefieres, empieza por probar con una o dos ideas. Cuanto antes empieces mejor.

Primera parte: Soluciones para bebés recién nacidos, desde que nacen hasta los cuatro meses

Si tu bebé tiene más de cuatro meses, puedes ir al apartado «Segunda parte: Soluciones para bebés desde los cuatro meses hasta los dos años».

Enhorabuena por el nacimiento de tu bebé, es uno de los momentos más importantes de tu vida. Ya se trate del primero o del quinto hijo, siempre encontrarás que estos momentos son de recuperación, adaptación, en algunos casos incluso de frustración y confusión, pero lo más maravilloso de todo es que te enamorarás de tu bebé.

Los bebés recién nacidos no tienen problemas de sueño, son los padres quienes los padecen. Los recién nacidos se duermen cuando están cansados y se despiertan cuando han descansado. Si su horario no coincide con el tuyo, no es culpa de ellos: ni siquiera son conscientes de ello.

Testimonios de madres

«Los efectos que producen tus ideas son menos traumáticos si las aplicas desde el principio, y esto es algo muy positivo cuando nos referimos al sueño del bebé».

Judith, madre de Harry, 3 meses

Tienes mucha suerte de leer este libro ahora, lo que hagas durante los dos primeros meses te servirá para los próximos años. Durante los próximos meses puedes adoptar algunas medidas que ayudarán a tu bebé a dormir mejor. Puedes hacerlo de una manera agradable y cariñosa sin necesidad de llantos, estrés ni normas rígidas. Al aplicar algunas ideas generales durante los próximos meses podrás establecer un hábito para que tu hijo duerma bien durante los próximos años.

Te recomiendo que leas el apartado sobre los bebés mayores ya que puedes aprender mucho de las ideas que se mencionan en él. Sin embargo, debes tener en cuenta que los bebés menores de cuatro meses tienen necesidades distintas que los bebés mayores. Este apartado sobre recién nacidos te ayudará a comprender los patrones de sueño que tienen los bebés en esta etapa de sus vidas.

Cuando tu bebé tenga cuatro meses, podrás empezar a usar las ideas que se facilitan para los bebés mayores. No obstante, si lees, comprendes y aplicas las sugerencias que se mencionan para los recién nacidos, puede que no necesites este libro cuando tu hijo tenga cuatro meses. ¿No es increíble?

Testimonios de madres

«Según la experiencia de mis amigas, en principio iba a pasar un año de noches en vela. Estoy tan contenta de que mi bebé ya duerma durante seis horas seguidas... Mis amigas dicen que es un milagro».

Yelena, madre de Samantha, 7 meses

Lee, aprende y no hagas caso de los malos consejos

Todo el mundo siempre tiene algo que decir sobre cómo deberías criar a tu bebé. Recuerdo cuando nació mi primera hija; era impresionante la cantidad de consejos que la gente me ofrecía. Un día, cuando Angela tenía varios días, un amigo (soltero y debo admitir que bastante infantil) vino a ver a nuestra pequeña. Recuerdo que estaba durmiendo la siesta y nosotros estábamos hablando cuando, de repente, Angela se despertó llorando y fui corriendo a ver qué le pasaba. Mi amigo se echó a reír y me dijo: «No es necesario que vayas corriendo. Cuando los bebés lloran, ni siquiera saben de dónde proviene el ruido». Me pregunto dónde habrá aprendido esta estupidez.

El peligro de los padres primerizos es que estos malos consejos (no importa lo bien intencionados que sean) pueden afectar negativamente a nuestras habilidades como padres y, por analogía, al desarrollo de nuestros bebés si no somos conscientes de ello. Cuanto más sepas, menos posibilidades habrá de que la gente ponga en duda tus habilidades como padre.

Mi misión y la del resto de los padres educadores e informados, que también escriben, es presentar los hechos tal y como los conocemos, de manera que puedas elegir tu método desde la fortaleza del conocimiento, de manera activa y no desde la debilidad de la ignorancia, de manera reactiva. En otras palabras, si te informas, podrás protegerte a ti mismo y a tu familia contra los «deberías» o «tendrías que» que te darán los demás y que seguramente no te sean de ayuda ni se basen en circunstancias reales.

Éste es el plan de acción que la conversación con mi amigo –soltero e infantil– me motivó a desarrollar. Me di cuenta de que si no hubiera estado totalmente convencida de mi opinión sobre este tema, el comentario de mi amigo me hubiera dejado confusa, preocupada y dubitativa al respecto. Lo único que consiguió es dejarme sin palabras.

La mejor arma es el conocimiento. Como se suele decir, es el poder, es la luz que ilumina en la oscuridad (en este caso a las cunas) de la ignorancia. Cuanto más sepas, más fácil te será desarrollar tus propias teorías sobre la educación de tus hijos. Si tienes las ideas claras, un plan de paternidad determinado, podrás responder con confianza a aquellos que, aunque con buenas intenciones, están dándote malos consejos.

Por lo tanto, el primer paso es informarte: saber qué estás haciendo y por qué lo haces. Y cuando uno de esos expertos «amateur» te den un consejo puedes sonreírles diciendo «¿Ah sí?» y seguir haciendo las cosas a tu manera.

Hay una enorme cantidad de libros sobre bebés disponibles en el mercado, por lo que te aconsejo que leas uno o dos y te formes tus propias ideas sobre el tema. Estos libros probablemente los usarás, señalarás y te referirás a ellos con mucha frecuencia durante los primeros años de vida de tu bebé. Elige los libros de forma inteligente, pide recomendaciones a amigos que compartan tus opiniones sobre este tema y busca autores que sigan la misma filosofía que tú. Cuando los leas, ten presente que no hay ningún autor que esté de acuerdo con tus opiniones al 100 por cien, sino que debes aprender de cada uno de ellos las ideas que mejor se adapten al caso de tu familia. Éstos son algunos de mis favoritos:

The Baby Book, William Sears, M.D. y Martha Sears, R.N. (Little, Brown and Company 1993).

Attachment Parenting, Katie Allison Granju y Betsy Kennedy (Pocket Books, 1999).

Your Baby and Child: From Birth to Age Five, Penelope Leach (Knopf, 1997).

What to Expect the First Year, Arlene Eisenberg, et al. (Workman Publishing, 1996).

En mi libro te ayudaré a aprender sobre los bebés y su sueño. Lo mejor es empezar por el principio.

La biología del sueño del recién nacido

Durante los primeros meses de vida, los bebés duermen cuando están cansados. Los patrones de sueño-vigilia están principalmente relacionados con las necesidades de su estómago: se despierta cuando tiene hambre y se duerme cuando está lleno. No puedes hacer prácticamente nada para forzar a un bebé a que duerma si no quiere, ni tampoco para despertarlo si está dormido profundamente.

Un factor muy importante que debes tener en cuenta sobre los bebés es que tienen unos estómagos muy pequeños, crecen muy rápido, su dieta es líquida y la digestión también es rápida. Los biberones se digieren rápidamente y la leche materna aún más. Incluso el más ingenuo de nosotros sabe que aunque sería muy agradable acostar a un bebé a una hora determinada y no oír ni un solo ruido hasta la mañana siguiente, esto es algo completamente imposible. Los recién nacidos necesitan alimentarse cada 2-4 horas y a veces incluso más. Durante los primeros meses, tu bebé tendrá unos picos de crecimiento enormes que afectarán no sólo a la alimentación diurna sino también a la nocturna y además cambiará su horario de comida cada una o dos horas en lugar de cada dos o cuatro horas.

Testimonios de madres

«Me acuerdo cuando Rachel era un bebé y pasaba semanas enteras sin mamar. Si hubiese sabido que esto es normal en el proceso de crecimiento de los bebés y que necesitan un poco de ayuda para asegurar su rutina de comidas, me habría esforzado más por establecer un horario. Por el contrario, me conformé con esperar a que el problema se solucionara solo».

Vanessa, madre de Rachel, 2 meses

Los bebés son impredecibles y algunos de ellos tienen sus propias reglas. En ciertos casos, los recién nacidos pueden dormir durante cuatro o cinco horas seguidas, lo que puede hacer que sus padres se preocupen y se pregunten si deberían despertarlos para comer. La respuesta a esta pregunta sería un «tal vez». Si tu bebé parece seguir este patrón, deberás consultar a tu médico si es correcto alargar las horas de sus comidas. Dependerá del tamaño, la salud y de otros aspectos del niño.

Dormir toda la noche seguida

Probablemente has leído u oído que los bebés comienzan a «dormir toda la noche seguida» entre los dos y los cuatro meses de edad. Lo que debes comprender es que para un recién nacido un periodo de 5 horas (lo que ya mencioné anteriormente) es una noche entera.

Durante esta edad, muchos pueden dormir sin interrupciones desde la media noche hasta las 5:00 de la mañana, aunque esto no significa que lo hagan siempre. Está muy lejos de lo que tú consideras que significa dormir toda la noche.

Os dejo que hagáis una pausa para que os recuperéis de vuestra sorpresa al enteraros de que vuestros bebés duermen durante toda la noche y ni siquiera lo sabíais.

Si vuestro bebé ya duerme durante toda la noche, jactaros de ello durante la próxima reunión del grupo de *educadores de recién nacidos*. Pero, si estás pensando en dejar de leer este libro ahora mismo, tranquilízate por un momento, no vayas tan deprisa. Los bebés son volubles, «no digas se acabó antes de que se acabe».

Testimonios de madres

«Cuando nuestra pequeña Emily tenía dos meses dormía todas las noches siete horas seguidas. Pero en lugar de que este proceso evolucionara hacia un sueño más largo, fue ocurriendo lo contrario, hasta que llegó el día en que se despertaba cada tres o cuatro horas. Por suerte, las soluciones que nos has dado para el sueño nos han ayudado a resolver este problema».

Christine, madre de Emily, 18 meses

Es más, aunque la definición científica establezca que una noche completa son cinco horas, la mayoría de nosotros no lo consideraría de ninguna manera como tal.

Además, como hemos visto, algunos bebés que duermen toda la noche en un principio, de repente pueden empezar a despertarse con más frecuencia. En algunos casos, hasta que no cumplen un año o dos no estabilizan su sueño y vuelven a dormir durante toda la noche. Este libro está lleno de ideas que te ayudarán a intentar cambiar los patrones de sueño de tu bebé lo antes posible.

Dónde quiere dormir el bebé

¿En qué lugar se encuentra tu bebé más cómodo y seguro? *En tus brazos*. ¿Dónde se encuentra más tranquilo? *En tus brazos*. Si pudiera hablar, ¿dónde querría dormir tu bebé? *En tus brazos*, por supuesto.

No hay nada más maravilloso para un recién nacido que quedarse dormido en tus brazos o sobre tu pecho. Para mí, era casi imposible conseguir que mi pequeño Coleton se durmiera fuera de mis brazos. Quizá se deba al hecho de que al tener a mi cuarto hijo a la edad de cuarenta y un años, era consciente que éste era mi último bebé y sabía que crecería demasiado rápido. O quizá no sea por eso, ya que también lo hice con mi hija Angela cuando era bebé hace catorce años. Si me paro a pensarlo, también lo hice con Vanessa y con David, así que puede que se deba a otro motivo. Tal vez mi instinto de «madre león» sale a relucir cuando tengo un hijo. Puede que sea porque las madres están programadas biológicamente para tener a sus hijos entre sus brazos. Y puede que sintiese esta necesidad motivada por la lectura y mi curiosidad y me alejase del ajetreado estilo de vida que impera actualmente.

Sea cual sea el motivo, te puedo asegurar que me hice una experta en escribir en el ordenador con una mano. Puedo hacer (y de hecho lo hago) cualquier cosa con un bebé durmiendo entre mis brazos, como entrenar a mi hija en el equipo de béisbol (con mi bebé colgado en una mochila), presidir una reunión de PTA* e incluso ir al aseo (¿pensabas que eras la única que lo hacías, eh?).

---

* Organización no gubernamental ubicada en Estados Unidos que dedica sus esfuerzos a mejorar el bienestar de los niños y los jóvenes en el hogar, la escuela, la comunidad y el lugar de adoración religiosa *(N. del T.)*.

¡Peligro!, ¡cuidado!, ¡advertencia!: un bebé que se acostumbra a dormir en brazos querrá, como es lógico, dormir siempre así. ¡Qué listo!, ¿eh? Cuando el bebé llora porque quiere que sus padres le cojan y éstos ceden a su petición no están sino actuando en función de un instinto natural que ha asegurado la supervivencia de los más pequeños desde el principio de los tiempos.

Esta conexión natural solamente podría funcionar en un mundo perfecto en el que las madres no tuviesen otra cosa que hacer que cuidar a sus bebés durante sus primeros años de vida; un mundo en el que hubiese otra persona encargada de hacer las comidas y las tareas del hogar y traer el dinero a casa para pagar las facturas, mientras la mamá y su bebé pasan los días disfrutando el uno del otro haciendo esas cosas por las que se sienten atraídos por naturaleza. Pero ese mundo no volverá a existir, si es que alguna vez existió. La vida actual no nos permite tener este privilegio. Nosotras, las madres, tenemos muchas obligaciones, por lo que debemos buscar el equilibrio entre instinto y realidad.

Una sugerencia para reflexionar

Aunque puede que resulte difícil, espero que aprendas de mis errores. Si tu bebé está dormido, colócalo en su cuna, pero tampoco te prives del placer de tener a tu bebé dormido en los brazos, disfrútalo de vez en cuando. Pero, a menos que puedas pasarte las horas muertas con un bebé de dos años en tu regazo, deberías acostumbrarle a que duerma en su cama.

Para aquellos que duerman con su bebé, es muy importante dejar que el bebé se duerma por sí solo. Los bebés necesitan más horas de sueño que los adultos. He trabajado con muchas madres cuyos bebés están acostumbrados a dormirse en su presencia, por lo que las madres se tienen que acostar a las 19:00 y quedarse allí porque su bebé ha desarrollado una especie de radar que no permitirá que su madre lo deje solo, incluso se tienen que echar siestas durante el día les guste o no. La idea es que debemos disfrutar de dormir con nuestros bebés, pero también debemos enseñarle que se puede dormir él solo.

Rectificación de un buen consejo

Después de escribir el apartado anterior, fui a buscar a mi hija adolescente al cole uno de esos días en que sale temprano. Pasamos la mañana juntas, nos hicimos la manicura y después salimos a almorzar. Nos sentamos juntas, nos reímos como dos amigas y me hizo pensar en lo mucho que la iba a echar de menos dentro de unos años cuando dejase el hogar familiar para estudiar en la universidad.

Cuando llegamos a casa, nos sentamos con Coleton y nos entretuvimos viendo las caritas y ruiditos que nos hacía. Su nivel de madurez había llegado al punto en el que se daba cuenta de que era gracioso, así que exageraba aquellas cosas que nos hacían reír.

Hoy día pienso que cada momento en la vida de nuestros bebés es increíblemente maravilloso e irremplazable. El tiempo vuela, ojalá hubiese podido detenerlo y guardar esos momentos en una botella para poderlos ver y disfrutar de ellos.

Así que te aconsejo que pongas a tu bebé a dormir en su cuna, pero si te soy sincera, si fuera a tener mi quinto hijo, estoy segura de que dormiría donde los demás lo hicieron: entre mis brazos, meneando su pequeña cabecita al son del teclado del ordenador.

Por todo esto permíteme que modifique mi consejo: ten en cuenta que esos hábitos entrañables, preciosos y tranquilos son muy difíciles de romper, así que elígelos con mucho cuidado.

Siempre que puedas, lleva a tu bebé a su cuna para que aprenda que también puede dormir solo además de entre tus brazos. Y cuando no puedas, mantenle apretado entre tus brazos, pegado fuertemente a tu pecho y disfruta de cada pequeño suspiro, gorjeo, pestañeo. Créeme cuando te digo que lo vas a echar de menos, seguro que lo harás. Incluso las largas noches sin dormir adquirirán un cierto romanticismo en tus recuerdos y te acordarás de ellas cuando tu bebé conduzca su primer coche, termine la carrera, se case o tenga su primer hijo.

Testimonios de madres

«Cuando Zach se quedaba dormido entre mis brazos yo le acariciaba la naricita, le olía el pelo, jugaba con sus deditos, quería chupar todas las partes de su pequeño cuerpecito. Era mi cuarto hijo y ya había aprendido que el tiempo pasa demasiado rápido».

Vanessa, madre de Zachary, 2 años

Quedarse dormido tomando el pecho o el biberón

Resulta bastante frecuente que un bebé se duerma mientras toma el pecho, el biberón o chupa su chupete. De hecho, algunos bebés lo hacen tan a menudo que sus madres se preocupan porque creen que nunca comen lo suficiente.

Si un bebé se duerme *siempre* en estos momentos, aprenderá a asociar el hecho de tomar el pecho con quedarse dormido y con el paso del tiempo no será capaz de dormirse de otra forma. Un gran porcentaje de los padres que están luchando contra el problema de las faltas de sueño de sus bebés ya mayores, en realidad están luchando contra esta asociación de ideas entre sueño y succión.

Por este motivo, si quieres que tu bebé se quede dormido sin tu ayuda, es imprescindible que dejes que se adormezca en algunas ocasiones mientras está succionando, pero no dejes que se duerma por completo. Intenta quitarle el pecho, el biberón o el chupete tanto como puedas y deja que se quede dormido sin tener nada en la boca. Al hacerlo, puede que tu bebé se resista a que se lo quites o incluso que se enfade. En ese caso no hay ningún problema en que le vuelvas a dar el pecho, el biberón o el chupete, pero después de unos minutos se lo debes quitar de nuevo.

Repítelo una y otra vez. Si lo haces, llegará el día en el que el bebé se quede dormido sin necesidad de chupar nada.

Vuelve atrás y lee de nuevo el párrafo anterior, que incluye posiblemente la información más importante que puedo compartir contigo en este momento para lograr que dentro de dieciocho meses no tengas que volver a leer este libro.

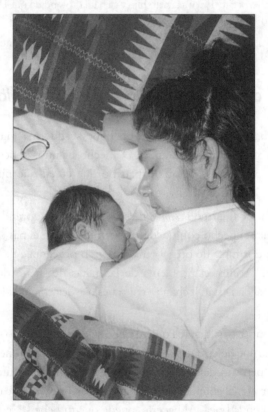

Anjali, dos meses, y Tina

El siguiente paso de este plan consiste en poner a tu bebé en su cuna cuando esté adormecido, en lugar de cuando esté dormido. Un recién nacido, cansado, demasiado joven todavía para tener hábitos adquiridos, aceptará que lo pongas en su cuna o canasto mientras está despierto todavía y se dormirá más tarde sin problema. Cuando intentes llevar esta idea a la práctica, algunas veces funcionará y otras no. Si tu bebé no se tranquiliza, sino que, por el contrario, se muestra inquieto, puedes mecerlo, frotarle la espalda e incluso tomarle en brazos y darle de nuevo el pecho, el biberón o el chupete y quitárselo en unos minutos para que se eche la siguiente siesta.

Testimonios de madres

«Creo que una de las mejores sugerencias que me dieron fue que lo metiera en la cuna cuando estaba cansado pero todavía despierto. Me sorprendió el número de veces que tuve éxito con este método».

Judith, madre de Harry, 3 meses

Así que, ya sabes, durante los primeros meses de vida puedes ayudar a tu bebé a que aprenda a quedarse dormido sin tu ayuda. Además puedes lograrlo sin lágrimas (ni las de tu bebé ni las tuyas).

¿Qué ocurre si tu bebé se chupa los deditos?

Si tu bebé se queda dormido mientras se chupa los dedos, es algo muy distinto a si se duerme tomando el pecho, biberón o chupete. Él se siente reconfortado chupándose los dedos y, además, aprende a controlar sus manos; de esta forma no dependerá siempre de alguien más. Las filosofías actuales no están de acuerdo en que este hábito sea positivo, pero la mayoría de los expertos coinciden en que al menos no causa ningún daño. El mayor problema, como te puedes imaginar, radica en que algunos niños no dejan de hacerlo a ninguna edad, por lo que es necesario ayudarles a dejar este hábito.

Despertarse por las noches para comer

Muchos pediatras recomiendan a los padres que no dejen que sus recién nacidos duerman más de tres o cuatro horas seguidas sin comer; de hecho, la mayoría de los bebés se despierta con frecuencia. Recuerda también que hay algunos casos excepcionales de bebés que duermen más horas. No importa cuántas veces lo haga, lo cierto es que tu bebé se despertará por las noches (consulta el capítulo 2). La clave está en averiguar cuándo debes tomarle en brazos para que coma por las noches y cuándo debes dejarle que se duerma solo.

Éste es un periodo en el que te debes guiar por tus instintos e intuición. Es ahora cuando debes esforzarte por aprender a leer las señales que te envía tu bebé.

Ésta es una sugerencia que me sorprende no haber leído nunca antes en ningún libro para bebés, pero que es realmente importante para ti. Los bebés hacen muchos ruidos mientras duermen, ruidos que van desde gruñidos hasta suspiros o llantos y éstos no indican siempre que se van a despertar. Éstos son lo que llamo ruidos de sueño y tu bebé está casi o incluso totalmente dormido mientras se producen estos episodios. Estos llantos no significan «Mami, te necesito», sino que son simplemente ruidos del sueño. Recuerdo cuando mi primogénita, Angela, era un bebé y dormía en una cuna al lado de mi cama. Sus llantos me despertaban en muchas ocasiones, y muchas veces se volvía a dormir incluso antes de que me hubiera dado tiempo de acercarme a su cuna para mecerla. Sus llantos eran simplemente ruidos del sueño, pero en mi deseo por responder a cada llanto de mi bebé le estaba enseñando a despertarse más a menudo.

Tienes que escuchar y vigilar a tu bebé con mucha atención. Aprende a diferenciar entre ruidos del sueño y ruidos de despertarse por tener hambre. Si realmente se despierta por hambre, tendrás que darle de comer lo antes posible. Si le contestas inmediatamente en estas ocasiones, lo más probable es que se quede dormido enseguida. Pero si dejas que llore, se despertará totalmente y será más difícil dormirlo de nuevo, sin mencionar que tú también te desvelarás.

Escucha atentamente cuando tu bebé haga ruidos nocturnos: si hace ruidos del sueño, déjale dormir; si se despierta de verdad, atiéndele enseguida.

Para madres que dan el pecho o duermen con sus bebés

Durante la investigación que realicé para escribir este libro, me di cuenta de que era obvio que muchas madres primerizas pasan parte o toda la noche durmiendo con sus bebés. Si tú también formas parte de este grupo, revisa la sección sobre seguridad al dormir con el bebé.

Al darle el pecho y dormir con tu bebé, tus ciclos de sueño se sincronizarán probablemente con los suyos, lo que significa que ambos experimentaréis un ciclo medio en el que os despertaréis a la vez. Si esto sucede, se trata de un bello ejemplo de que tu bebé y tú habéis encontrado una harmonía de sueño perfecta y hará que te despiertes más fácilmente cuando se despierte tu bebé porque no te sacará de un sueño profundo. Es más fácil para ti acercarte el bebé al pecho en este estado parcial de sueño y, después, cuando se vuelva a quedar dormido, tú también lo harás.

El Dr. James J. McKenna, director de *Mother Baby Behavioral Sleep Center* de la Universidad de Notre Dame, dice en un artículo para el sitio Web *The Natural Child Project:*

> Mis colegas y yo hemos observado a numerosas madres y sus bebés mientras duermen juntos o separados durante tres noches seguidas. Hemos grabado las frecuencias de los latidos del corazón de la madre y del bebé con un polígrafo, las emisiones del cerebro (EEG), respiración, temperatura corporal y momentos de tomar el pecho. La fotografía de vídeo por rayos infrarrojos controlaba su comportamiento de forma simultánea. Nos dimos cuenta de que los bebés que comparten la cama con sus madres duermen de cara a ellas casi toda la noche y ambos son más sensibles a los movimientos del otro, se despiertan más frecuentemente y pasan más tiempo en estadios de sueño ligero que cuando duermen solos. Los que duermen con sus madres, toman el pecho el doble de veces y los turnos son tres veces más largos que cuando duermen solos. Pero no lloran casi nunca. Las madres que duermen con sus bebés a diario tienen prácticamente las mismas horas de sueño que las que lo hacen sin ellos.

Por la noche, mientras que estáis en los periodos de despertar breve, basta con que tu bebé respire haciendo un poco de ruido o se dé la vuelta para que automáticamente le des el pecho; ambos volveréis a dormiros sin daros cuenta. Es una experiencia maravillosa tener a tu pequeño dormido a tu lado e incluso puede que sea la mejor solución para aquellas madres que tienen problemas de sueño. Pero bajo esta situación idílica subyace un problema. Tu bebé se acostumbrará a que le des el pecho cada vez que tenga un despertar breve. Y si recuerdas las características básicas del sueño que se describen en el capítulo 2 (lo leíste, ¿verdad?), tu bebé tiene despertares cada hora, es decir, durante toda la noche. Aunque puede que te resulte aceptable durante los primeros meses de vida de tu bebé, probablemente no te parezca así diez o doce meses después.

Ruidos del sueño

La clave está en que consigas que tu bebé se encuentre cómodo durmiendo a tu lado, sin necesidad de pedir «el aperitivo de mamá» cada hora durante toda la noche. En la sección «Despertarse por las noches para comer», se describen los conceptos más importantes necesarios para conseguir este equilibrio. Como se indica en este apartado, los bebés hacen una gran variedad de ruidos de sueño y no todos significan «estoy despierto y quiero tomar el pecho».

La mejor forma de mejorar el sueño a largo plazo para una madre que duerme con su bebé es aprender a fingir que está dormida mientras escucha los ruidos del sueño de su pequeño y esperar. Puede que se vuelva a dormir sin tu ayuda. Si necesita que le des el pecho, lo sabrás enseguida.

Ayuda a tu bebé a que diferencie el día de la noche

Un recién nacido duerme entre 16 y 18 horas al día y este sueño se distribuye equitativamente entre 6 ó 7 periodos de sueño. Puedes enseñarle a que distinga entre el sueño nocturno y el diurno y además a que duerma más tiempo en los periodos nocturnos.

Empieza por hacer que duerma las siestas del día en una habitación con luz en la que pueda oír los ruidos de la casa, quizá dentro de una cuna situada en la habitación principal. Las horas nocturnas, por el contrario, serán oscuras y tranquilas, lo que significa que no le hablarás, cantarás o encenderás las luces por la noche. Si tu casa es muy ruidosa después de que el bebé se acueste, usa sonidos de fondo para que no se oigan los ruidos de la familia, como puede ser una música suave, el zumbido de un calefactor o un ventilador (asegúrate de tomar las precauciones de seguridad) o cualquier otro sonido constante. Incluso puedes comprar pequeños radio-relojes con funciones de sonidos de fondo (como la lluvia, el agua de un arroyo, etc.) o un CD con sonidos de la naturaleza o incluso con sonidos del vientre materno.

También puedes enseñarle a que diferencie las siestas del día del sueño nocturno usando algunas señales, como por ejemplo darle un baño y ponerle el pijama.

Asegúrate de que las comidas nocturnas sean tranquilas y dulces. No es necesario que cantes o hables a tu bebé en plena noche, déjalo para el día.

Biberón nocturno de forma cómoda

Si le das el biberón a tu bebé, asegúrate de tener a mano y listo para utilizar todo lo que necesitas. Tu objetivo es lograr que se quede en un estado de soñolencia y se vuelva a dormir enseguida. Si tienes que ir corriendo a la cocina a preparar el biberón, mientras se inquieta o llora, conseguirás que ambos os despertéis completamente y lo que podía haber sido un breve despertar nocturno, se convertirá en un largo periodo en vela.

Los pañales nocturnos

Si tu bebé se despierta por la noche cada hora o cada dos horas, no tienes por qué cambiarle los pañales todas las veces que se despierte. Recuerdo que cuando Angela, mi primogénita, era recién nacida, me acostumbré a cambiarle los pañales cada vez que se despertaba (cada hora o cada dos horas) por lo que algunas veces le llegué a cambiar un pañal seco por otro nuevo hasta que me di cuenta de que le cambiaba los pañales más veces de las necesarias.

Te aconsejo que le pongas unos pañales nocturnos de buena calidad y cuando se despierte hagas una comprobación rápida. Cámbiale sólo si es necesario y hazlo tranquila y rápidamente en la oscuridad. Usa una lámpara pequeñita y evita cualquier luz brillante que pueda confundir con la luz del día. Prepara todos los accesorios que necesitas para cambiarle los pañales al lado de tu cama y asegúrate de que usas un paño caliente para secarle el culito. Busca todos los tipos disponibles de calentadores limpia-bebés y mantén uno cerca del lugar donde le cambias por las noches.

Pistas nocturnas

Puedes crear pistas que indiquen que es la hora del sueño nocturno. Para organizar los patrones de sueño diurno/nocturno de tu bebé, te será muy útil utilizar una rutina para acostarse constante y exacta que empiece al menos 30 minutos antes de dormirse. (Puedes leer más acerca de estas rutinas en el apartado «Crear una rutina antes de acostarse»).

No dejes que tu bebé se eche siestas muy largas

Intenta que no se eche siestas muy largas durante el día. Si son demasiado largas, de 3 ó 4 horas seguidas, y después se despierta frecuentemente por la noche, puede que confunda los días con las noches. Por supuesto, también hay casos de bebés que se echan largas siestas y después duermen bien por las noches, pero si éste fuera tu caso, no estarías leyendo este libro, ¿verdad?

Impedir que las siestas sean largas puede resultar difícil en algunos casos. Si no duermes bien y tienes muchas tareas y responsabilidades acumuladas, es fácil que intentes aprovechar estas siestas para ponerte al día. Aunque a corto plazo pueda ser útil, podría interferir con el sueño nocturno del bebé, por lo que cada vez será más difícil para ti realizar tus tareas durante el día. Esto además retrasa el momento en el que el bebé consigue organizar su sueño en breves siestas diurnas y largos periodos de sueño nocturnos.

Éste es uno de los casos en los que podemos hacer caso omiso de la regla de no despertar nunca a un bebé dormido. Si se ha echado una siesta de más de dos o tres horas, despiértale suavemente y estimúlale para que esté despierto durante un ratito jugando.

Algunos bebés, como en el caso de mi segunda hija, Vanessa, son tan dormilones que no se despiertan ni con un terremoto. Tenemos una foto de familia de nuestra pequeña con cuatro semanas dormida en los brazos de su padre, porque no fuimos capaces de despertarla para la foto. A continuación, encontrarás unas sugerencias para despertar a los bebés dormilones cuando sea la hora de levantarse y comer:

- Intenta despertarlo durante el estadio de sueño más ligero. Presta mucha atención a los movimientos de sus brazos, piernas o cara. Si respira lentamente, será muy difícil despertarle.

- Cámbiale de pañales o límpiale la cara con un trapo húmedo.

- Destápale y quítale la ropa, déjalo en pañales y camiseta (en una habitación cálida).

- Incorpórale y colócale sentado para que eructe.

- Frótale la espalda.

- Quítale los calcetines y frótale los pies o muévelo suavemente, tírale de las puntas de los dedos. Cántale los cinco lobitos.

- Mueve los brazos y piernas del bebé haciendo un ejercicio suave.

- Colócale en una sillita y haz que participe en la actividad de la familia.

- Tómale en brazos y cántale.

Puede que también consigas acortar estas siestas poniéndole en una habitación totalmente iluminada y con algún ruido por el día; por la noche, mantenlo en una habitación oscura y tranquila.

Los recién nacidos duermen mucho durante el día, pero esto cambia muy pronto. Aprender a seguir una rutina diaria con un bebé puede ser todo un reto, pero es importante que empieces a considerarlo como una «personita» que te da compañía durante todo el día.

No tengas la sensación de que debes hacer todas tus tareas mientras está dormido. Empieza por incluirlo en tus faenas diarias. Después de todo, a los bebés les encanta observar y aprender y tú eres la mejor profesora para él. Le encantará formar parte de tu vida diaria y tú también disfrutarás de su compañía.

Presta atención a las muestras de cansancio

Una forma de estimular a tu bebé para que duerma bien es aprender a reconocer los síntomas de soñolencia y acostarlo tan pronto como parezca estar cansado. Un bebé no puede acostarse por sí solo, ni puede comprender sus síntomas de sueño. Un bebé deseoso de dormirse al que estimulas para que se mantenga despierto es muy infeliz. Con el paso del tiempo, esto se convertirá en falta de sueño, lo que se complicará aún más a la hora de desarrollar la madurez del sueño.

Testimonios de madres

«Me di cuenta de que solía acostar a Carrson en función de la hora, sin tener en cuenta si estaba cansado o no. Cuando cambié esta dinámica, empezó a quedarse dormido más fácilmente y a dormir durante más tiempo».

Pia, madre de Carrson, 18 meses

La mayoría de los recién nacidos sólo pueden mantenerse despiertos durante dos horas. Una vez que el bebé se encuentra demasiado cansado, le será más difícil quedarse dormido. Busca ese momento mágico en el que está cansado, pero no demasiado.

Éstos son algunos de los síntomas que puede mostrar tu bebé (puede que demuestre sólo uno o dos) a través de los cuales puedes saber si tu bebé está demasiado cansado:

- Disminuye su movimiento y actividad.

- Se tranquiliza.

- Pierde el interés por la gente y los juguetes (con la mirada perdida).

- Mira «ensimismado».

- Se muestra inquieto.

- Se frota los ojos.

- Bosteza.

Aprende a interpretar los síntomas de sueño de tu bebé y llévalo a la cuna cuando se presente esta oportunidad.

Haz que tu bebé se sienta cómodo

Los bebés son tan distintos unos de otros como lo somos los adultos; aprenderás a comprenderlo con el paso del tiempo. Éstas son algunas ideas que te pueden ayudar a hacer que se sienta cómodo. Experimenta con ellas y pronto descubrirás cuáles son las mejores para tu pequeño.

Envolver a tu bebé

Los bebés llegan de un entorno (el vientre) en el que se encontraban bastante apretados. Algunos se sienten más cómodos cuando los padres crean una estructura similar a la del vientre para dormirles, envolviéndolos en una manta de forma muy ajustada. Tu pediatra, un padre con experiencia o un libro sobre bebés te pueden dar las instrucciones paso a paso para envolver a tu bebé. Si le gusta que lo envuelvas, puede que desees hacerlo sólo por las noches para estimularlo a que duerma durante más tiempo. También debes consultar a tu médico sobre si tu bebé está seguro envuelto en una manta. Una vez que se empieza a mover, ya no es un modo seguro para dormir porque puede aflojar la manta y quedar atrapado. Otra precaución: no lo envuelvas si la habitación está caliente, ya que puedes provocarle un exceso de calor que es uno de los factores de riesgo de sufrir SMSL.

Cuna acogedora

Muchos recién nacidos se encuentran perdidos en una cuna grande. A tu bebé seguro que le gusta más una cuna o canasto más pequeño. Muchos incluso se acomodan en una esquina de la cuna para meter la cabecita entre las grietas como si se tratase de tu pelvis. Asegúrate de que la cuna se pueda mecer y de que la cierras en la posición sin balanceo mientras está dormido para que no se vuelque cuando el bebé se mueva hasta la esquina.

Crea un nido

Debido a que los bebés pasan nueve meses enroscados como en una pelota, algunos recién nacidos no se sienten cómodos tumbados boca arriba en un colchón duro. Sin embargo, esta posición es la más adecuada para prevenir el SMSL. Otra posición que parece hacer feliz a muchos bebés y con la que duermen durante más tiempo es colocarlos en el asiento del coche, la sillita o el carrito, ya que así no están tumbados. Esto puede ayudar a los bebés que sólo se duermen en brazos de mamá o de papá. Constituye un método agradable para enseñarle a dormir fuera de tus brazos. Las normas de seguridad requieren que le mantengas vigilado si sigues esta sugerencia. Además, si se duerme en el asiento del coche o en una sillita debes asegurarte de que no desploma su cabeza hacia abajo, porque esto podría ocasionarle problemas respiratorios. Ayúdale a que mantenga la cabeza hacia arriba usando almohadillas para el asiento del coche ya que ofrecen un soporte adicional.

Un posible inconveniente de esta opción es que se acostumbre a dormir en posición erguida, lo que podría causar problemas más tarde a la hora de tener que dormir tumbado. Para evitarlo, intercala las siestas en el asiento del coche con las siestas en una superficie lisa.

Sonidos suaves

Un gran número de empresas ofrecen grabaciones de latidos del corazón que duplican los sonidos que tu bebé oía cuando estaba en tu vientre. Estos sonidos pueden ser reconfortantes para él. Como mencionaba anteriormente, una música tranquila o sonidos de fondo también pueden servir para este mismo propósito.

Una cama caliente

Si colocas a un bebé soñoliento en una cama fría puede despertarse sobresaltado. Mientras que le das de comer, puedes calentar su cunita con una botella de agua caliente envuelta o una manta eléctrica encendida al mínimo. Quita el calentador de la cuna antes de colocarle y pasa siempre el brazo por toda la superficie para asegurarte de que no está demasiado caliente. Otra alternativa es usar sábanas de franela para la cuna en lugar de utilizarlas de algodón que son más frías.

Ponte cómoda

Todavía no he oído a ningún padre o madre que diga que le encanta levantarse por la noche para atender las necesidades de su bebé. Por mucho que queramos a nuestros pequeños, es muy duro despertarse una y otra vez noche tras noche. Por este motivo, tú también debes estar lo más cómoda posible.

Acepta los despertares nocturnos de tu recién nacido

El primer paso que debes dar ahora es relajarte: el hecho de estresarse o frustrarse por tener que levantarse por las noches no cambiará nada. No es como una cuarta fase, es un periodo de tiempo muy corto y más adelante probablemente ni te acuerdes con claridad de esa fatiga abrumadora. Esta situación mejorará día tras día y antes de que te des cuenta tu pequeño bebé ya no será tan pequeño, sino que sabrá caminar, hablar y estará despierto durante todo el día y dormirá tranquilamente por la noche. Pero ahora mismo te encuentras en este estadio de no dormir a causa de tu recién nacido así que haz lo posible por pasar esta época de la forma más cómoda posible. Éstas son algunas ideas que te ayudarán a que tus actividades nocturnas no sean tan molestas:

- Procura que el lugar donde le das el pecho por la noche sea lo más acogedor y cómodo posible. Si lo alimentas sentada en una silla, te aconsejo que elijas la silla más cómoda que tengas. Si usas una mecedora, asegúrate de que tenga un cojín suave para el asiento y otro para la espalda. Coloca también un taburete para poner los pies y una mesa al lado donde puedas colocar un vaso de agua, un libro, una luz nocturna o cualquier cosa que te ayude a disfrutar un poco de estos episodios.

- Si le das el biberón, asegúrate de que tienes a mano y listo todo lo que necesitas. Existen kits de biberones portátiles realmente increíbles. Mira los calienta biberones que encontrarás en onestepahead.com o en www.aventbaby.com/es/index.html; es una opción bastante útil.

- Utiliza una almohada especialmente diseñada para dar el pecho o prueba a usar los cojines del sofá o de la cama para que te sirvan tanto a ti como a tu bebé en las sesiones de alimentación.

- Si le das el pecho en la cama, asegúrate de que estás muy cómoda. Muchas madres se quejan de padecer dolores de espalda por dar el pecho en la cama. Normalmente, esto se debe a que arquean la espalda para acercarle el pecho al bebé. Colócate en una postura relajada y cómoda y déjale que sea él quien se acerca a ti. Los bebés son increíblemente flexibles y se acoplan a cualquier posición. Incluso un niño de dieciocho meses puede acurrucarse cómodamente en el espacio que queda cuando te tumbas de lado y encoges las rodillas (te lo digo por experiencia).

- Si duermes con él, asegúrate de que la cama es lo suficientemente grande para que ambos podáis dormir cómodamente. Si estás agobiada por el espacio, busca un colchón más grande.

- Organiza tu horario en función de sus necesidades durante estos primeros meses. Evita planear actividades nocturnas que interfieran con las rutinas de antes de acostarse o en las que estés fuera de casa hasta muy tarde. El resto del mundo *puede* esperar por unos meses.

- Relájate y tómatelo con calma. Éste es un periodo de tu vida muy corto. Aplaza todas esas cosas que son menos urgentes para poder hacer lo más importante: cuidar de tu recién nacido. Es lo correcto, de verdad.

Llena la barriguita de tu bebé antes de dormir

Intenta que la última toma antes de acostarse sea completa. Si el bebé da cabezaditas después de haber tomado un pecho o medio biberón, cámbiale de postura, quítale la manta, hazle cosquillas en los piececitos y estimúlale para que acabe la toma. Si no puede seguir comiendo en ese momento, procura que se despierte en seguida para «acabar» su toma.

Procura que las sesiones de toma sean descansadas y relajantes

Un consejo que probablemente oirás una y otra vez es: «duerme mientras tu bebé duerme por el día». La idea está muy bien pero, en mi caso, con lo ocupada que estoy, lo último que podría hacer sería dormir cuando mi bebé duerme. Y apuesto a que a ti te pasa lo mismo, así que estas benditas siestas largas están fuera de tu alcance. Pero durante el día puedes *descansar* mientras lo alimentas. Tu bebé se alimentará con mucha frecuencia durante los primeros meses. Es decisión tuya relajarte y alimentarlo. No te sientes y te agobies por todas las cosas que deberías estar haciendo. *Esto* es lo que *deberías* hacer durante estos primeros meses de vida de tu bebé; sigue estos pasos cada vez que te sientes a alimentar a tu recién nacido:

- Relájate.

- Respira lentamente.

- Empuja los hombros hacia abajo y relájalos. Las madres tienden a levantar los hombros mientras alimentan a sus bebés, sobretodo durante los primeros meses. Si tienes los hombros hacia arriba cerca de las orejas, se crea una tensión muscular en los brazos, la espalda y el cuello.

- Haz círculos con la cabeza para eliminar el estrés.

- Disfruta de los momentos en que tu bebé esté tranquilo; aprovecha esta oportunidad para quedarte ensimismada mirándolo. Empieza a crear recuerdos.

- Lee, si te gusta hacerlo (o lee para tu pequeño).

- Ve la televisión, una película o escucha música si cualquiera de estas actividades te sirve para relajarte.

Simplifica tu vida

Simplifica tu vida al máximo durante los primeros meses de vida de tu bebé. Baja el listón de tus obligaciones como ama de casa. Acepta cualquier ayuda que te ofrezcan los demás. (Repite conmigo: «Sí, gracias. Te lo agradezco»). La primera prioridad es cuidar a tu bebé. Los demás lo comprenderán.

Ten expectativas reales

Tu recién nacido no dormirá durante toda la noche. No existen respuestas mágicas ni fórmulas milagrosas para lograr la madurez del sueño. Si te obsesionas con el deseo de dormir durante una noche entera, lo único que conseguirás será agobiarte y llevarte un sofocón por algo que no tienes ahora. El mejor consejo que te puedo dar es recordarte que estos primeros meses de vida pasarán volando. Y después, llegará el día en el que mires al pasado añorando esos maravillosos recuerdos de tener a tu recién nacido entre tus brazos.

> Soy un asesor de lactantes y he estado trabajando con la madre de un recién nacido. Hoy fui a verla y estaba muy contenta porque su bebé había «dormido durante toda la noche». Me alarmé porque el bebé sólo tiene cinco días, muy poco para dormir toda la noche sin alimentarse. Le pedí que me diera detalles y esto es lo que descubrí: el bebé dormía con su madre y la noche anterior cada vez que se agitaba su mamá le ofrecía el pecho. El bebé mamaba durante un ratito y se volvía a dormir rápida y fácilmente. A esto es a lo que se refería cuando dijo «dormir durante toda la noche». ¿No es una forma de pensar realmente encantadora por parte de una madre primeriza?

Segunda parte: soluciones para bebés desde los cuatro meses hasta los dos años

El siguiente apartado muestra una gran variedad de ideas que están dirigidas a bebés que han pasado la etapa de recién nacidos y abarca hasta los dos años e incluso a veces un poco más. Si tu hijo está más cerca de los cuatro meses, puede que desees leer también el apartado «Primera parte: soluciones para bebés recién nacidos: desde que nacen hasta los cuatro meses».

Prepárate

 Esta idea puede servir para todo el mundo.

A lo largo de mi investigación y por mi propia experiencia, he descubierto que nuestras emociones a menudo nos impiden hacer cambios en los hábitos de sueño de nuestros bebés. Tú mismo puedes llegar a ser el mayor obstáculo que te impida cambiar una rutina que trastorna tu vida, en este caso, los hábitos de sueño de tu bebé. Después de todo, probablemente no estarías leyendo este libro si no tuvieses dificultades en encontrar una rutina de sueño que no choque frontalmente con tu vida. Así que vamos a imaginarnos que no hay ningún obstáculo en tu camino.

Examina tus objetivos y necesidades

Antes de continuar leyendo este libro debes hacerte varias preguntas y tomar una decisión. Con toda sinceridad, ¿las formas de despertarse de tu bebé y las estrategias para adaptarte a la situación te molestan realmente?, ¿o el problema radica más bien en los puntos de vista de los que te rodean? En otras palabras, los hábitos de sueño de tu bebé son problemáticos solamente si tú lo consideras así.

La sociedad de hoy día tiende a hacernos creer que los «bebés normales» duermen durante toda la noche a partir de los dos meses, pero según los datos de mi investigación esto constituye más bien la excepción a la regla. He descubierto que hasta cerca de los tres años, un gran porcentaje de niños se despiertan por las noches en busca de la atención de sus padres. El número de familias en tu misma situación es enorme, así que no te sientas presionado por tener que alcanzar unos objetivos de sueño imaginarios.

Testimonios de madres

«En el último día de reunión sobre los cuidados para padres, uno de los padres mencionó que su hija de dos años todavía no dormía toda la noche. Éste fue el inicio de una larga discusión y en ella descubrí que de 24 niños de esa edad sólo 6 dormían durante toda la noche. Me pareció increíble comprobar que el comportamiento de mi hija que se despierta varias veces durante la noche era un comportamiento completamente normal, propio de esta edad».

Robin, madre de Alicia, 13 meses

Capítulo 4. Revisa y elige un método para dormir

Debes averiguar dónde radica tu problema. ¿Radica en la rutina de tu bebé, en tu manera de llevarlo o simplemente en las opiniones de los demás? Si puedes afirmar sinceramente que quieres cambiar los hábitos de sueño de tu bebé porque te molestan a ti y al resto de tu familia, puedes seguir leyendo este libro. Pero si te sientes coaccionado porque la tía Martha, la bisabuela Beulah, un amigo de la pandilla o incluso un pediatra te dice que así es como debería ser, es hora de que te detengas a reflexionar sobre esto.

Cada bebé es único, cada madre es única y cada familia también es única. Sólo tú puedes encontrar las respuestas adecuadas a tu situación.

Una vez que sepas qué sientes realmente acerca de los hábitos de sueño de tu bebé, podrás seguir leyendo este libro con una visión más clara acerca de lo que esperas conseguir.

Es un buen momento para reflexionar. Compara los patrones de sueño de tu hijo con la información que aparece en el capítulo 2, que explica el promedio de los requisitos de sueño de un bebé. También se indica cuántas veces se despiertan por las noches los bebés *normales*. Utiliza esta información para determinar tus objetivos en relación con su sueño.

Por supuesto, si se despierta cada hora o cada dos horas (como hacía mi hijo Coleton) no tendrás que pensar durante mucho tiempo la respuesta a esta pregunta: ¿me molesta esto? La respuesta es obviamente afirmativa. Pero si se despierta sólo una o dos veces durante la noche, es importante que definas exactamente cuánto te molesta este patrón de sueño y que te marques un objetivo realista. Si tu deseo es conseguir doce horas seguidas de sueño, de 19:00 a 7:00, puede que tu objetivo no sea razonable. Después de todo, despertarse una o dos veces por la noche durante los dos primeros años de vida es algo completamente normal, aunque muchos libros y artículos digan lo contrario. Creo que es bastante curioso que se hable de «trastorno» cuando la realidad es que más del 50 por ciento de los niños menores de dos años se despiertan por la noche. Con este porcentaje, me atrevería a calificarlo más bien como «normal». El hecho de que sea habitual, no significa que puedas o debas aguantarte. Puedes hacer muchas cosas para estimularle a que duerma más.

Por lo tanto, sé realista a la hora de marcarte un objetivo y honesto al evaluar el efecto que causa esta situación en tu vida. Algunas personas pueden soportar el hecho de despertarse una o dos veces por la noche sin problemas, mientras que hay otras que piensan que no pueden aguantar ni siquiera una sola vez. La clave está en evaluar si el horario de sueño de tu bebé es realmente un problema para ti o si lo es sólo para los que te rodean, que no están tan informados como tú sobre los patrones de sueño normales.

Si su patrón de sueño resulta ser un problema para ti, este libro te ayudará a resolverlo. Incluso si decides que después de todo despertarse una o dos veces por la noche no es para tanto, puedes usar estos conceptos para que tu bebé los elimine gradualmente, mucho antes que si no intentas poner los medios para cambiar la situación. Empieza por reflexionar sobre estas preguntas:

- ¿Estoy satisfecho de cómo van las cosas? ¿Estoy resentido, enfadado o frustrado?

- ¿Las rutinas nocturnas de mi bebé están afectando a mi matrimonio, trabajo o a mis relaciones con mis otros hijos?

- ¿Se encuentra mi bebé feliz, saludable y aparentemente descansado?

- ¿Soy feliz y me encuentro sano y descansado?

- Según los hechos que aparecen en este libro (consulta el capítulo 2), ¿cuál es la expectativa razonable para la edad de mi bebé?

- ¿Qué situaciones de horas de siesta o sueño nocturno considero «aceptables»?

- ¿Qué situaciones de horas de siesta o sueño nocturno considero «una bendición»?

Una vez que hayas contestado a estas preguntas, tendrás una idea más clara no sólo en lo que respecta al sueño de tu bebé sino también sobre lo motivado que estás para hacer el cambio. Tu motivación es el componente principal para alcanzar el éxito en este plan.

Reticencia a dejar pasar aquellos momentos nocturnos

Si miras en tu interior puede que te lleves una sorpresa. Puede que te encuentres saboreando esos despertares nocturnos cuando no hay nadie más a tu alrededor. Recuerdo cuando daba el pecho a Coleton bajo la luz de la luna en plena noche. Mi esposo, los otros tres pequeños y la abuela dormían. La casa estaba completamente tranquila. Mientras acariciaba su pelo y su suave piel me maravillaba de tener a este pequeño ser a mi lado y me pasó un pensamiento por la cabeza: «Me encanta. Me encantan estos momentos silenciosos que compartimos por las noches y me encanta sentirme necesitada por este precioso pequeño». Fue entonces cuando me di cuenta de que tenía que *querer* hacer un cambio en nuestros hábitos de despertares nocturnos antes de poder tener éxito.

Puede que debas analizar tus sentimientos y, si crees que te encuentras realmente preparada para hacer un cambio, necesitarás darte permiso a ti misma para pasar de esta etapa en la vida de tu bebé a otra diferente en tu relación. Habrá mucho tiempo para abrazar, achuchar y querer a tu pequeño, pero si quieres que este plan funcione, debes estar preparada para disfrutar de esos momentos de tu tiempo de sueño a la luz del día.

Testimonios de madres

«Bien, si soy sincera conmigo misma, debo admitir que, aunque en términos dudosos, encajo en esta categoría. Siempre me encantó despertarme con mis bebés por la noche para darles el pecho. Dar el pecho cómodamente a un pequeñín suave en la penumbra, cuando el resto de la casa está tranquila, es una de las cosas más maravillosas que tiene ser mamá. A nosotras las mamás no se nos paga con un cheque, sino con abrazos, arrumacos y besos. Todos estos momentos nocturnos son los equivalentes de ganar dinero con las horas extra o quizá de disfrutar de un paquete de vacaciones. ¿Hay alguna maravilla que no desees disfrutar?».

Donna, madre de Zachary, 9 meses

Preocupación por la seguridad de tu bebé

Nosotros los padres nos preocupamos por nuestros bebés y debemos hacerlo. Además de atender sus necesidades, nos tenemos que asegurar de que están bien cada hora o cada dos horas durante toda la noche, en cada despertar nocturno. Nos llegamos a acostumbrar a estas comprobaciones que nos permiten asegurarnos de que están bien.

En cuanto te decidas a ayudarle a dormir durante más tiempo, te convertirás en una madre superprotectora. Si duerme durante tres, cuatro o más horas puede que te preocupes: ¿Respira? ¿Tiene calor? ¿Tiene frío? ¿Está mojado? ¿Está liado en la sábana? ¿Está boca abajo?

Testimonios de madres

«La primera vez que mi bebé se durmió durante cinco horas seguidas, me desperté con un sudor frío. Salí de la cama corriendo hacia la puerta, estaba segura de que algo horrible había pasado. Casi lloré de alegría cuando la encontré durmiendo plácidamente».

Azza, madre de Laila, 7 meses

Estas preocupaciones son muy normales, se deben a tus instintos maternales por protegerle. Por este motivo, para que puedas ayudarle a dormir durante periodos de tiempo más largos, deberás buscar los métodos que te den la confianza de que está completamente seguro durante toda la noche.

La mejor forma de hacerlo es revisar el capítulo 1 y tomar todas las precauciones de seguridad necesarias. Puede que desees dejar la puerta de la habitación abierta o el interfono encendido, con el fin de que puedas oírle si te necesita.

Los padres que duermen con sus bebés no están exentos de estos temores. Incluso si duermes a su lado, te darás cuenta de que te has acostumbrado a hacer comprobaciones frecuentes durante toda la noche. Aunque tu bebé duerma durante periodos más largos, tú no lo harás porque tendrás que realizar las comprobaciones de seguridad.

Una vez que te hayas asegurado de que tu hijo está a salvo mientras duermes, habrás dado el primer paso necesario para ayudarle.

Creencia en que las cosas cambian por sí solas

Puede que tengas esperanzas, reces y desees que de repente duerma durante toda la noche por arte de magia. Quizá estés cruzando los dedos para que pase este estadio sin que tengas que hacer nada. Sería muy raro que un bebé que se despierta con frecuencia durante la noche, de repente decidiera dormir toda la noche por su propia voluntad. De acuerdo, puede que te pase a ti, pero puede que tu hijo tenga dos, tres o cuatro años cuando lo haga. Debes decidir si tendrás paciencia para esperar tanto tiempo o si estás decidido a dar el paso ahora.

Demasiado cansado para luchar por el cambio

Los cambios requieren esfuerzo y los esfuerzos energía. En un estado de agotamiento, puede que sea más fácil simplemente dejar las cosas como están que intentar hacer algo distinto.

En otras palabras, si el bebé se despierta cinco veces seguidas y te mueres de ganas por dormirte, es mucho más fácil recurrir al modo más sencillo de dormirle (mecerlo, darle el pecho o ponerle el chupete) que intentar hacer algo nuevo.

Sólo un padre falto de sueño puede comprender lo que estoy diciendo. El resto podría pensar tranquilamente: «Bueno, si las cosas no te van bien tal como están, cambia lo que estás haciendo». Sin embargo, los despertares nocturnos te hacen sentirte en un estado en el que lo único que deseas es volverte a dormir, los planes y las ideas parecen requerir demasiado esfuerzo.

Si vas a ayudarle a dormir toda la noche, tendrás que esforzarte por seguir tu plan, incluso en plena noche, aunque sea la décima vez que tu hijo te llama. La mejor defensa es decirte a ti mismo: «En un mes o dos dormirá durante toda la noche. Puedo hacerlo durante unas semanas». Claro que puedes (sobre todo si tienes en cuenta cuál es la alternativa: soportar despertares nocturnos durante otro año o más).

Así que si después de haber leído este apartado estás segura de que ambos estáis listos, es hora de dar el paso hacia el cambio, ahora, esta noche.

Prepáralo

 Esta idea puede servir para todo el mundo.

Antes de hacer ningún cambio en las rutinas de sueño asegúrate de que está cómodo, sano y bien alimentado. Un bebé que tiene hambre, frío o una infección de oídos, alergias o cualquier otro problema de salud, puede despertarse por la noche porque siente dolor o está incómodo. Soluciona estos problemas antes de embarcarte en tu plan para dormir mejor. (Si deseas más información sobre las razones que le mantienen despierto por la noche, consulta el capítulo 8).

Llena su barriguita por el día

Asegúrate de que come lo que necesita durante el día, sobre todo si se alimenta exclusivamente de leche materna o biberón.

Algunos bebés se acostumbran a tomar el pecho o biberones a lo largo de la noche, ingiriendo así una gran parte de las calorías que tenían que haber tomado de día. Para dormir más por la noche deberían pasar las tomas nocturnas al día.

Para aquéllos que toman comida sólida, asegúrate de que los alimentos son los adecuados. Seguro que a tu pequeño le encanta el queso y es lo único que come, pero las reglas de una buena alimentación recomiendan comer una mayor variedad de alimentos. Una buena alimentación es importante para la salud en general, además de un buen sueño.

Testimonios de madres

«Mi bebé de 14 meses se despertaba llorando y tardaba una eternidad en volver a dormirse. Estaba tan frustrada y tan despierta que lo tomé en brazos y bajamos a ver la tele en el salón. Se puso a gritar fuertemente y con la luz de la pantalla pude ver que tenía tres enormes ampollas moradas y blancas en las encías donde le estaban empezando a salir las muelas. Pobrecito mío, estaba sufriendo demasiado para poder conciliar el sueño. Le puse una toallita fría y húmeda y dejé que la masticara durante un rato y esto le ayudó a calmarse y así pudo volver a dormirse».

Jessie, madre de Blaine, 14 meses

Vigila lo que come antes de acostarse. ¿Toma alimentos que ayudan a dormir bien? Algunas comidas son más fáciles de digerir que otras y es menos probable que alteren los ciclos de sueño. Piensa en las «comidas cómodas» –carbohidratos saludables y proteínas nutritivas–. Las opciones son infinitas: cereales en grano, harina de avena, arroz integral, yogurt, queso, restos de carne, frutas y guisantes congelados (para los niños mayores que no corren riesgo de asfixiarse al comerlos); dale también algún dulce.

Por el contrario, hay muchos alimentos que tienden a alterar el organismo, como, por ejemplo, los que incluyen cafeína y otras sustancias estimulantes. Aunque los científicos opinan que el azúcar no provoca un comportamiento hiperactivo en los niños, a mí me queda la sospecha de que afecte de algún modo a la capacidad y la disposición a tranquilizarse y a quedarse dormido. Las galletas y los pasteles de chocolate no son una buena opción a última hora del día.

Si tu pequeño lo prefiere, elige golosinas.

Recuerda que los pediatras deben vigilar la dieta del niño con carácter semanal, más que diario. En otras palabras, a la hora de evaluar si su dieta es sana, ten en cuenta las proporciones de los principales grupos de comida consumidos durante una semana completa.

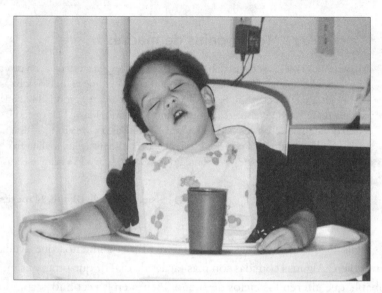

Jarell, doce meses

Dale de comer más durante el día

Si el niño está acostumbrado a alimentarse frecuentemente por la noche, está ingiriendo una gran parte del alimento nutritivo durante esas largas sesiones de alimentación. Puede que tengas que darle el pecho durante el día con más frecuencia para hacer que deje de comer tanto por las noches.

Puede que a él le gusten más estos despertares nocturnos por el placer y la conexión emocional que por la leche en sí, especialmente si durante el día estás ocupada trabajando o cuidando a otros niños. Si eres consciente de ello, puedes darle a tu pequeño sesiones extra de comida y proporcionarle mimos que le ayuden a dejar de depender de esas largas sesiones nocturnas.

Presta atención a los tipos de comida que ingieres porque pueden alterar la leche materna. Vigila la reacción de tu hijo si bebes café, té o algún refresco, o si tomas productos lácteos, nueces o alimentos flatulentos como brócoli, judías y coliflor.

Como en el caso del pequeño Austen, tu pequeño, curioso y ocupado, puede que se encuentre demasiado activo durante el día para pararse a comer o incluso a tomar el pecho. En ese caso intenta darle «comida que pueda llevar en la mano». Otra opción es darle bocaditos de comida mientras juega. La clave está en conseguir que ingiera las calorías necesarias durante el día y no por la noche.

Testimonios de madres

«Austen casi no come durante el día y después se pasa toda la noche tomando el pecho. Intento darle de comer varias veces al día, pero la mayoría de las veces está demasiado ocupada o distraída para comer. Le encanta el tiempo que pasamos juntas antes de acostarse. Siempre tarda más de una hora en quedarse dormida y las sesiones de alimentación nocturna son largas.»

Annette, madre de Austen, 12 meses

Comprueba si está cómodo por la noche

Asegúrate de que la cuna de tu bebé sea muy cómoda (ni demasiado suave, ni demasiado dura, ni flexible como se indica en el capítulo 1). Vístele de acuerdo con la temperatura de la habitación, procurando que no tenga ni demasiado frío ni demasiado calor. Si tu casa está fresca por las noches, cómprale pijamas de tejidos gruesos y pónselos encima de una camiseta (de las que cubren todo el cuerpo). Si hace calor, refresca la habitación abriendo la ventana o mediante un ventilador, pero sigue las normas de seguridad si lo haces.

Crea una rutina de antes de acostarse

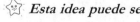 *Esta idea puede servir para todo el mundo.*

La rutina de antes de acostarse se convierte en una señal para él de que ya es la hora de irse a la cama. Utiliza alguna frase como: «Oh, es hora acostarse, ya deberías tener sueño».

Seguir una rutina para la hora antes de acostarse es crucial para prepararle para que se duerma. Utiliza la actividad que más te guste y que te ayude a tranquilizar y a calmar a tu bebé:

- Darle un baño caliente y tranquilo.

- Darle masajes.

- Cantarle canciones.

- Poner música suave.

- Dar un paseo.

- Mecerlo.

- Darle el pecho.

- Darle el biberón.

La hora de antes de acostarse debe ser tranquila. La rutina se debe hacer en habitaciones a media luz. El último paso debe darse en el dormitorio tranquilo y oscuro, hablando poco y con tu técnica habitual de irse a la cama. Apunta en un papel tu rutina de la forma más detallada posible. Una rutina de ejemplo podría ser la siguiente:

1. 19:00: Baño.

2. Masaje con leche corporal.

3. Poner el pijama.

4. Leer tres libros.

5. Apagar las luces.

6. Cantar nanas.

7. Darle el pecho o el biberón.

8. Frotarle la espalda.

9. Dormirse.

Utiliza el formulario «Plan de sueño para mi bebé (de 4 meses a 2 años)» que aparece en el capítulo 5 para apuntar tu propia rutina.

Testimonios de madres

«Hemos seguido nuestra rutina de antes de acostarse todas las noches y puedo ver cómo intuye que después del baño se va a dormir. Está deseando que llegue».

Tammy, madre de Brooklyn, 7 meses

Sigue una rutina idéntica todas las noches. Una vez que ambos estéis cómodos con la rutina y que su sueño sea constante, no necesitarás la lista. Esto es sólo para ayudarte a establecer la rutina. Procura no salir a la hora de la rutina de acostarse durante este periodo de adaptación. Si tienes que salir y vas a llegar a casa más tarde la hora a la que normalmente inicias la rutina de antes de acostarse, realiza la rutina completa, aunque tengas que acortar un poco los pasos, por ejemplo, leerle sólo un cuento en lugar de tres.

La rutina contribuye a regular el reloj biológico del bebé

Además de la rutina por sí sola, si puedes lograr que duerma las siestas a la misma hora todos los días, lograrás sistematizar su sueño mucho antes, porque la constancia te ayudará a regular su reloj interno.

Otra ventaja adicional de esta idea es que una rutina determinada organiza tu vida, reduciendo el estrés y la tensión que puedes sentir.

Es mejor una rutina flexible

Cuando hablo de «rutina» no me refiero a una rutina rígida que haya que seguir a raja tabla. Recuerda que yo también soy madre y sé que la flexibilidad es muy importante en lo que se refiere a... Perdona, ahora te sigo contando. Coleton se ha despertado de la siesta y le tenía que dar el pecho, cambiarle el pañal y jugar un ratito al cucú. Ya estoy aquí de nuevo, ¿qué te estaba diciendo? Ah, sí.

Testimonios de madres

«Me he dado cuenta de que la rutina del sueño es esencial. Desde que la pongo en práctica he notado que las noches que no la hago completa mi bebé tiene más problemas para dormir bien».

Diane, madre de Jamar, 7 meses

La flexibilidad es muy importante cuando tienes un bebé. Intenta mantener la rutina de antes de acostarse tan a menudo como puedas pero también vigílale. Si está bostezando y está inquieto, no es el momento de darle un baño y leerle un cuento en la cama. Es el momento de saltarse algunos pasos de la rutina y meterlo en la cama cuanto antes. Puede que algunas noches tengas que saltarte la rutina. Si la bisabuela está celebrando la fiesta de su 100 cumpleaños, no te sientas obligada a salir corriendo a las 18:00 para mantener la rutina. Hay ocasiones en las que es mejor dejarse llevar y volver a la rutina a la noche siguiente.

La rutina de antes de acostarse es importante durante la infancia

No creas que tu rutina de antes de acostarse es una carga innecesaria o es poco importante. Esta rutina cariñosa es *siempre* importante para los niños. Hasta aproximadamente los 10 años de edad, a los niños les entusiasma pasar un rato especial con los padres antes de irse a la cama. Leer cuentos, hablar, frotarle la espalda o simplemente estar juntos son rituales importantes. De hecho, la mayoría de los padres que no siguen una rutina formal de antes de acostarse pasan normalmente una hora peleándose con los niños para que se vayan a la cama, lo que es bastante desagradable e innecesario.

Llega un momento en el que los niños no necesitan más el ritual y la mayoría de los padres sufren por esta pérdida. Mi rutina de antes de acostarse con mi hija Angela, la mayor, ha ido cambiando con el paso de los años. Antes solíamos pasar esa hora acurrucadas en la cama leyendo juntas. Ahora empieza cuando asomo la cabeza por la puerta de su habitación, ella aparta el teléfono a un lado, me da un beso y un abrazo y me da las buenas noches. Después me voy a la cama mientras ella reanuda su conversación telefónica sobre los deberes del colegio. La vida cambia y también lo hacen las rutinas de antes de acostarse.

Establece una hora temprana para comezar la rutina

 Esta idea puede servir para todo el mundo.

Mucha gente lleva a la cama a sus bebés demasiado tarde, a menudo con la esperanza de que si está «realmente cansado» se dormirá mejor. A menudo sale el tiro por la culata, porque el niño se encuentra demasiado cansado y con falta de sueño crónica. El Dr. William C. Dement en *The Promise of Sleep* (Dell, 2000) afirma lo siguiente en lo que se refiere a los bebés y a los niños: «Retrasar la hora de acostarse incluso sólo media hora puede producir efectos muy delicados y perniciosos».

El reloj biológico de un bebé está regulado para que se duerma temprano. Si los padres se atienen a esa hora, se dormirá más fácilmente y estará más tranquilo. La mayoría están preparados para irse a la cama a las 18:30 ó 19:00. Te será más fácil si inicias la rutina de antes de acostarse una hora antes de la hora establecida para que tu hijo se vaya a la cama.

He oído muchas veces que los bebés y los niños sufren un periodo de «derretimiento» al final del día cuando se ponen inquietos, intranquilos e insoportables. Ahora sospecho que más bien se trata de niños que están demasiado cansados, deseosos por dormir.

Quien temprano se acuesta, temprano se levanta

Para los bebés irse temprano a la cama no significa levantarse temprano. La mayoría duermen mejor y más tiempo si se acuestan más temprano. La mayoría de los padres temen que si acuestan temprano a sus hijos, se despertarán y les llamarán a las 5:00.

O puede que lleguen del trabajo y deseen quedarse hasta tarde jugando con el niño, pero al mantenerlo despierto hasta demasiado tarde, puede que el niño se canse demasiado, se agote y esté demasiado agitado para poder conciliar el sueño; a menudo, acostarlo tarde por la noche implica que por la mañana se despertará temprano.

Mi pequeño Coleton solía acostarse sobre las 21:00 ó 21:30, la hora a la que se acostaban mis hijos mayores, porque me convenía a mí. A esa hora le costaba mucho conciliar el sueño. Nunca encontré la conexión que existía entre acostarse tarde y no poder tranquilizarle.

Cuando empecé a acostarle entre las 19:00 y las 20:00 se dormía mucho antes y su sueño era más profundo y además gané más tiempo para mí por la noche, algo que ya había olvidado.

Esto también ha sido una experiencia común de mis «madres de prueba». Muchas se sorprendieron al comprobar que acostar temprano a sus bebés les ayudaba a dormirse más rápido, más fácilmente e incluso les estimulaba a dormir mejor y a despertarse más tarde.

Testimonios de madres

«Una noche fuimos a casa de unos amigos y se nos pasó la hora de acostar a Alicia. Empezó a correr por la casa como si fuera un coche de carreras sin conductor. Cuando por fin conseguí que se quedase quieta en mi regazo dándole el pecho, era como amamantar a un bebé mono; tardó una eternidad en tranquilizarse y quedarse dormida».

Robin, madre de Alicia, 13 meses

¿Qué ocurre con los padres que trabajan?

Si trabajas hasta tarde y el rato que pasas con tu hijo empieza entre las 18:30 y las 19:00, puede que te sientas tentado a jugar un rato con tu bebé en lugar de llevarlo directamente a la cuna.

Al estar leyendo este libro, me imagino que te gustaría que durmiese mejor. Ésta es la idea principal, así que puede que valga la pena intentarlo y ver cuáles son los resultados.

Algunos padres que trabajan observan que cuando su hijo se acuesta temprano duerme mejor y se despierta de mejor humor, con muchas ganas de jugar. Como has podido dormir mejor, puedes levantarte por la mañana más temprano y pasar un rato jugando con él antes de irte al trabajo como alternativa a quedarte jugando por la noche. Los dos disfrutaréis de ese rato especial por la mañana.

Más tarde, cuando empiece a dormir toda la noche de forma constante, puedes probar a retrasar un poco la hora de acostarse y juzgar si la diferencia afecta a su sueño.

Buscar la mejor hora de acostar a tu bebé

Puedes pasar bastante tiempo experimentando hasta que averigües cuál es la mejor hora de acostarse. Si le has acostado demasiado tarde, puedes llevar a cabo el ajuste necesario de una de estas dos formas:

- Aplica un margen de 15 ó 30 minutos a la hora de acostarle durante dos o tres noches. Presta atención a cómo se queda dormido, la hora y el humor con el que se despierta para valorar la efectividad de los cambios hasta que puedas determinar cuál es la mejor hora para acostarlo.

- Empieza alrededor de las 18:30 y vigílale de cerca. Tan pronto como dé muestras de cansancio acuéstalo, aunque su hora anterior de acostarse fuese a las 23:00. (Para ver una lista de las muestras de cansancio, consulta el apartado «¿Cuándo debería dormir la siesta tu bebé?»). Cuando lo hagas, mantén tu casa tranquila y su habitación oscura para que se parezca a su entorno habitual en plena noche. Si lo acuestas bastante más temprano de lo habitual, creerá que va a echarse una siesta y se despertará después de echar una cabezadita. Si lo hace, actúa rápidamente para que no se despierte del todo. Sigue tu método habitual para ayudarle a que se vuelva a dormir, tal como mecerle, darle el pecho, mantener la habitación oscura y tranquila. Puede que tarde una semana o incluso más en acostumbrarse a la nueva hora de acostarse.

Testimonios de madres

«Siempre esperaba hasta las 22:00 para acostar a Brooklyn porque es la hora a la que me acuesto y me parecía que era lo más sencillo. Pero tu sugerencia parecía tan lógica que ayer por la noche le acosté a las 20:00. Me encantó tener el resto de la noche libre para pasarla con mi marido. No habíamos pasado tanto tiempo a solas desde hacía meses. Y mi bebé tuvo definitivamente una noche de sueño mejor. Me alegra que podamos satisfacer todas nuestras necesidades de una forma tan agradable».

Tammy, madre de Brooklyn, 7 meses

Sigue una rutina diaria flexible aunque también predecible

 Esta idea puede servir para todo el mundo.

Durante el primer año de vida, el reloj biológico de un bebé madura lentamente. En opinión del Dr. Dement: «Según van pasando las semanas, empieza a dormirse y a estar despierto durante más tiempo. Esto es debido a la consolidación de los periodos de sueño. Después, sobre la semana 40, el bebé empieza a despertarse y a dormirse a la misma hora todos los días. Su reloj biológico se empieza a regular en función de las 24 horas del día».

Sí, has leído bien, el Dr. Dement ha dicho la semana 40, lo que significa a los 10 meses. En otras palabras, no podemos forzarle a que cumpla el deseo de sus padres de tener un día agradable, una larga siesta y una larga noche de sueño sin interrupciones. Tenemos que hacer todo lo posible para crear un entorno agradable que anime al bebé a dormirse. Debemos eliminar cualquier obstáculo que nos impida disfrutar de una noche de sueño tranquila y esperar pacientemente a que la naturaleza siga su curso. Es cierto que algunos consolidan su sueño antes de las 40 semanas (considérate afortunado si tu bebé pertenece a este grupo) y otros necesitan más tiempo, incluso te diría que algunos necesitan mucho más.

Incluso teniendo en cuenta las limitaciones del horario de consolidación de su sueño natural, puedes contribuir a mejorar este proceso asegurándote de que cuando se despierte por las mañanas esté expuesto a la luz (preferiblemente la luz del día) y que la hora antes de acostarse sea tranquila y a media luz. Despertarse a la misma hora todas las mañanas puede ayudarle también a regular su reloj biológico. Sí, eso significa que tendrás que levantarte a la misma hora todos los días, pero esto también regulará tu reloj biológico además del de tu bebé.

Días de rutina, noches de rutina

Mantener un horario regular de alimentación, siestas y actividad ayudará a estabilizar el reloj interno de tu bebé. Por ejemplo, aunque te gustaría dormir hasta tarde los fines de semana, esto podría afectar al horario regular de tu bebé, que no tiene ni idea ni le importa el día que es.

Cualquier cambio que afecte a su patrón de sueño normal impide que su reloj biológico funcione correctamente; por cierto, esto también es aplicable a los adultos. Una de las mejores formas de tratar el insomnio de los adultos es establecer una hora de despertarse y ponerla en práctica durante siete días seguidos. Puedes leer más sobre esto en el capítulo 11.

Como dije antes, no estoy sugiriendo que sigas un horario estricto cronometrado. Algunos programas sólo sirven para causaros estrés a los dos. En su lugar, establece una rutina diaria típica y adáptala diariamente basándote en las pistas que te dé tu bebé, tu humor, el tiempo del que dispongas y cualquier situación que surja.

Lo que deseas evitar es una semana de sucesos desordenados: que se despierte el lunes a las 7:00, el martes a las 9:00, que coma el miércoles a las 11:00, el jueves a las 13:00, que se eche la siesta el lunes a las 11:00 y el martes a las 13:00. Si tu horario (o quizá deba decir la falta de horario) es como éste, su reloj biológico no podrá funcionar correctamente. Debes seguir un patrón predecible que permita una cierta flexibilidad.

Testimonios de madres

«No soy muy aficionada a las rutinas, pero con los mellizos no me ha quedado más remedio que seguir una especie de rutina. Intento no cumplir los horarios de manera extricta, sino que en su lugar presto más atención a las pistas que me facilitan los bebés. Por ejemplo, intento acostarles para que se echen una siesta sobre las 9:30. Esta mañana, Rebecca estaba cansada a las 9:30, pero Thomas se encontraba en plena forma, riéndose, jugando, disfrutando, todo menos cansado, así que acosté a Rebecca y dejé a Thomas levantado otros treinta minutos más. Si hubiera intentado acostarle sin estar cansado, al final habría logrado que se durmiese pero habría tenido que luchar. Al esperar treinta minutos hasta que mostrase síntomas de cansancio, logré que se durmiese fácilmente. En otras palabras, organizo el día de manera más o menos rutinaria, pero permito una cierta flexibilidad dependiendo del estado de los bebés».

Alice, madre de Rebecca y Thomas, 6 meses

La rutina diaria para un bebé de dos años puede parecerse a la siguiente (esto es sólo un ejemplo, la tuya puede ser muy diferente):

7:00: Levantarse por la mañana

Vestirse

Desayunar

Hora de juego

12:30-13:30: Almuerzo

13:00-14:30: Echarse una siesta

Después de la siesta: merienda

Hora de juego

20:00: Cena

20:30-21:00: Baño y empezar la rutina de antes de acostarse

21:30: Hora de acostarse

Cuando sigas una rutina diaria para comer, dormir y jugar, te darás cuenta de que tu bebé tendrá más ganas de echarse la siesta, comer y dormir, porque su reloj interno se encuentra sintonizado con tu horario. Claro que si es estricto en sus horarios de alimentación bien de pecho o biberón, debería estar «pidiendo comida» (o mejor dicho, «dando muestras de hambre») cada vez que se sintiese hambriento. Pero puedes crear una rutina predecible para el resto del día.

Haz que tu bebé se eche siestas regulares

 Esta idea puede servir para todo el mundo.

Según las investigaciones sobre el sueño y la experiencia de las madres, la duración y calidad de las siestas afectan al sueño nocturno (así como el sueño nocturno afecta a las siestas).

Una siesta que dure menos de una hora no cuenta. Estas cabezadas pueden ser el comienzo de un periodo de descanso, pero como el ciclo de sueño no se completa, puede que simplemente sirvan para inquietar al bebé. Algunos bebés son la excepción a esta regla y se encuentran perfectamente después de una siesta de 45 minutos, pero no presumas de que se trata del caso de tu bebé a menos que tanto la siesta como el sueño nocturno sean constantes y el bebé parezca estar muy descansado.

Testimonios de madres

«Ahora que soy más consciente de la importancia de las siestas, procuro por todos los medios que mi bebé se eche una buena siesta todos los días. Ahora duerme mucho mejor por las noches. Es increíble el efecto que producen estas siestas».

Tina, madre de Anjali, 12 meses

Cada bebé tiene distintas necesidades con respecto a la duración y al número de siestas, pero la tabla 4.1 puede servir como guía general aplicable a la mayoría de los bebés.

Tabla 4.1. Promedio de número y duración de las siestas de los bebés

Edad	Número de siestas	Duración total de las siestas (horas)
4 meses	3	4-6
6 meses	2	3-4
9 meses	2	2½-4
12 meses	1-2	2-3
2 años	1	1-2
3 años	1	1-1½
4 años	0	0
5 años	0	0

¿Cuándo debería dormir la siesta tu bebé?

El horario de las siestas es también importante. Las siestas a última hora del día pueden influir negativamente en el sueño nocturno. Ciertas horas del día son mejores para echarse la siesta porque favorecen más el desarrollo del reloj biológico; estos periodos consiguen equilibrar las horas de sueño y despertar para que influyan positivamente en el sueño nocturno. Una vez más, todos los bebés son distintos, pero las siguientes horas de siesta suelen ser las mejores:

- Si se echa tres siestas: a media mañana, primera hora de la tarde y por la noche temprano.

- Si se echa dos siestas: a media mañana y primera hora de la tarde.

- Si se echa una siesta: a primera hora de la tarde.

Si quieres que a tu bebé le gusten las siestas, sigue las directrices generales que se describen anteriormente y vigila sus señales. Las siestas deberían tener lugar justo después de dar muestras de cansancio. Si esperas mucho tiempo, se cansará demasiado, estará «destrozado» y será incapaz de conciliar el sueño. Una vez que te familiarices con sus necesidades de siesta, puedes dar por finalizada la rutina de siesta. Si no estás acostumbrado a las siestas constantes, presta más atención a sus muestras de cansancio hasta que consigas establecer una estructura más predecible. En otras palabras, no inicies una rutina larga de antes de la siesta si el bebé está listo para dormirse.

Vigila los signos de fatiga, puede que muestre uno o varios de los que aparecen a continuación:

- Disminuye su actividad.
- Se tranquiliza.
- Pierde interés por la gente y los juguetes.
- Se frota los ojos.
- Mira «ensimismado».
- Se muestra inquieto.
- Bosteza.
- Se tumba en el suelo o en una silla.
- Acaricia su juguete favorito o pide el chupete, el biberón o tomar el pecho.

Este horario es extremadamente importante. Probablemente hayas vivido esta escena: tu bebé parece cansado y piensas «es la hora de la siesta», así que le lavas las manos y la cara, le cambias los pañales, contestas a una llamada telefónica, sacas al perro y le llevas a la cuna, pero en este momento te das cuenta de que está completamente despierto y deseoso de empezar a jugar. ¿Qué ha sucedido? Ha pasado de la fase de cansancio a la etapa de estar alerta durante otro par de horas hasta que le vuelva a entrar el cansancio. Esto puede suceder a última hora del día. De repente, quiere echarse una siesta a la hora de la cena y en este caso: ¿Qué haces? ¿Le acuestas para que se eche una siesta y que ésta se alargue hasta la hora de acostarse o le mantienes despierto de forma que tendrás que aguantar a un bebé cansado e inquieto? En vez de tener que soportar esta situación, intenta responder a sus muestras de fatiga cuanto antes y acuéstalo en ese momento.

Después de observarle durante aproximadamente una semana, podrás crear un horario de siestas basado en sus periodos diarios de alerta y cansancio que sea fácil de seguir.

La rutina de las siestas

Una vez que hayas establecido un horario de siestas para tu bebé, deberás crear una rutina de siestas sencilla pero específica que sea diferente de la rutina nocturna.

Puedes utilizar elementos que el bebé relacione con el sueño como, por ejemplo, su juguete favorito o una música especial que induzca al sueño. Sigue la rutina de siestas siempre del mismo modo, excepto, como ya indiqué anteriormente, si tu bebé muestra claros signos de cansancio y está listo para dormirse. En ese caso, acorta e incluso elimina la rutina para ese día.

Para un bebé que se resiste a dormir la siesta, la rutina puede incluir algunos movimientos relajantes (mecerle, relajarle con balanceos o darle un paseo en brazos o en el cochecito) o agradables canciones de cuna.

La rutina de siesta no tiene por qué ser larga para que sea efectiva. Si tu bebé se echa la siesta siempre a la misma hora, muchas pistas sutiles –tales como la hora del almuerzo– le indicarán que está llegando la hora de la siesta.

Testimonios de madres

«Nuestra rutina de siesta consiste en leer dos libros, después darle el pecho y por último mecerle con su música para dormir. Es corta, pero funciona».

Amber, madre de Nathaniel, 9 meses

Importante: Si intentas buscar una solución a tu problema de frecuentes despertares nocturnos, haz todo lo que puedas para conseguir que tu bebé duerma por el día; un bebé bien descansado responderá mejor a tus tentativas por dormirle.

Conseguir que el bebé de siestas cortas duerma más

Algunos bebés darán muestras de cansancio y se quedarán dormidos fácilmente, pero después, aproximadamente veinte minutos más tarde, se despertarán. La mayoría de los padres se resignan a estas rutinas de siestas cortas.

Lo que seguramente ocurre es que se duerme y se despierta completamente cuando sufre su primer despertar breve (¿lo recuerdas del capítulo 2?). La clave para que alargue sus siestas es ayudarle a que se vuelva a dormir. Así es cómo funciona.

Nathaniel, nueve meses

Acuéstale para que se eche una siesta, pon en marcha el cronómetro o presta atención a la hora. Cinco o diez minutos antes de la hora en que normalmente se despierta, siéntate frente a la puerta de su habitación y escucha con atención.

Emplea este tiempo para realizar una actividad agradable como leer un libro o cualquier otra actividad tranquila. O si lo prefieres, sé práctica y aprovecha para doblar la colada u ordenar las facturas. En el instante en el que haga cualquier ruido, acude inmediatamente. Le encontrarás en un estado de soñolencia, a punto de despertarse. Usa cualquier técnica que le ayude a volverse a dormir: darle el pecho, mecerlo o darle el biberón o un chupete. Si llegas a tiempo, se volverá a dormir. Después de aproximadamente una semana siguiendo esta técnica, tu bebé tendrá sueños más largos sin tu ayuda.

Ayuda a tu bebé a que aprenda a dormirse sin tu ayuda

 Esta idea puede servir para todo el mundo.

Tal como dijimos en el capítulo 2, todo el mundo tiene despertares nocturnos. Si tu bebé se despierta frecuentemente por las noches, el problema no son los despertares sino que no sabe cómo volver a dormirse. Existen formas de hacer que se sienta cómodo y seguro cuando se despierte para que se vuelva a dormir solo, sin necesidad de ayuda.

«Mi cama es un lugar agradable»

Esta primera idea le ayudará a aprender que su cama es un lugar seguro y cómodo.

Pasa un ratito tranquilo con él durante el día en el lugar donde quieres que duerma por la noche. Léele, canta, háblale y juega. Pasa dos o tres ratitos como éste durante el día en ese lugar. Si responde de manera positiva, intenta que observe un móvil o juegue con un juguete mientras te quedas sentada en una silla detrás de él observándole.

Si sigues estos pasos, tu bebé empezará a considerar su cama como un lugar seguro y cómodo. Se familiarizará con ella y se encontrará cómodo cuando se despierte por las noches y le será más fácil volverse a dormir. Esta idea es especialmente importante en caso de que hayas dejado llorar a tu bebé en el pasado. Puede ayudarle a borrar los malos recuerdos y a sustituirlos por esta sensación de tranquilidad cuando está en la cuna.

Testimonios de madres

«Como nos sugerías, jugamos con Dylan en su cuna para que se acostumbrara a ella. Dylan tiene un móvil muy bonito que le encanta y le dejamos que jugase con él dos o tres veces al día. Esto le ha ayudado mucho a la hora de acostumbrarse a su cuna. Creo que ésta es una de las razones por las que se vuelve a dormir cuando se despierta por las noches.»

Alison, madre de Dylan, 5 meses

Quedarse dormido de distintas formas

En este momento, puede que tu bebé sólo se duerma de una forma, ya sea tomando el pecho, meciéndole o tomando el biberón. Tu bebé asocia esta actividad con quedarse dormido, de manera que puede llegar a creer que es la única forma de dormirse.

Testimonios de madres

«Emma siempre se duerme tomando el pecho. De vez en cuando, mi hermana hace de canguro mientras mi marido y yo salimos a tomar algo. No falla nunca, siempre está completamente despierta cuando volvemos a casa, da igual la hora que sea. Mi hermana dice que lo intenta de todas las formas posibles, pero la muy sinvergüenza se queda despierta hasta que entro por la puerta; toma el pecho durante dos minutos y se queda frita».

Lorelie, madre de Emma, 6 meses

Si tu bebé se rige por una señal determinada para quedarse dormido, puedes ayudarle a cambiar esta asociación y a que aprenda que se puede quedar dormido de otras formas.

Si decides seguir esta sugerencia, te ayudará mucho crear y seguir una rutina de siesta y una rutina de antes de acostarse, como se mencionaba anteriormente en este capítulo. Pero el paso final puede adoptar distintas formas.

Normalmente es más fácil empezar este plan con siestas antes de pasar a las noches. ¿Se queda dormido tu bebé en el coche o en la mecedora, mientras le meces, con un chupete o paseando en un cochecito?

Busca y utiliza distintas formas de ayudar a tu bebé a dormirse durante las siestas. Si es posible, utiliza dos métodos. Intenta que se sienta cómodo con distintas formas de dormirse. Un día, dale una vuelta en el coche, al siguiente ponlo en un balancín, el tercer día mécelo. Cuando hayas hecho esto durante una semana o más, puedes empezar a utilizar «estrategias» alternativas para hacer que se duerma y después meterlo tranquilamente en la cuna.

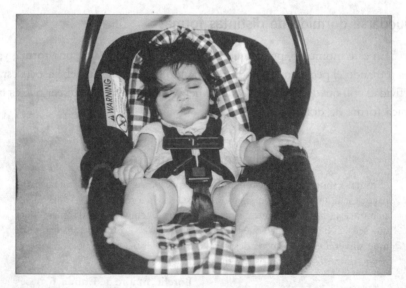

Areesa, ocho meses

En estos momentos, quédate con tu bebé y tócalo o acarícialo como a él le guste. Si has seguido una rutina de siestas y has vigilado sus señales, podrá dormirse por sí solo. Si no lo hace, sigue buscando y utiliza el método que funcione mejor. Tu objetivo, después de todo, es que se eche una siesta. Puede que a partir de ese momento puedas acortar la duración de la rutina hasta que sea cómoda para tu bebé y para ti. Una vez que el horario de siestas y el sueño nocturno se empiecen a estabilizar, puedes eliminar los métodos alternativos para dormirle y utilizar el que más te convenga.

Introduce un juguete favorito

☆ *Esta idea puede servir para todo el mundo.*

Algunos bebés sienten apego por una manta o un juguete que se convierte en su «juguete favorito». Es un objeto de transición que hace que tu bebé se sienta cómodo cuando tú no estás con él. En algunos casos, puedes ayudarle a hacer que sienta apego por un objeto o juguete favorito, de manera que tendrá algo con lo que acurrucarse y que le ayudará a dormirse sin tu ayuda. El juguete favorito no ocupará tu lugar; por el contrario, puede ser algo con lo que tu bebé se sienta seguro cuando no estás con él. Es curioso el hecho de que sólo uno de mis hijos tuvo un juguete favorito: el bebé que más dormía, «la campeona del sueño», mi pequeña Vanessa. Como es lógico, su juguete favorito era una almohada roja llamada Pilly. Y, ¿sabes una cosa? Doce años después, la almohada todavía conserva su lugar de honor en la habitación, no ya como su juguete favorito, sino como un dulce recuerdo de cuando era pequeña. Angela y David tenían varios juguetes con los que les gustaba acurrucarse, pero ninguno de ellos podría calificarse como favorito. Con Coleton, pude estimular este apego a un juguete; no llegó a ser tan intenso como en el caso de Vanessa, pero se convirtió en un estímulo de sueño y resultó ser una pieza muy útil para el plan de sueño que creé para él.

Algunos niños adoptan un juguete favorito durante la lactancia y lo siguen utilizando a lo largo de la infancia. Otros cambian de juguete favorito de vez en cuando: en algunas ocasiones encuentran consuelo en un juguete suave, en otras, nunca tienen un juguete favorito. Podrás ver en cuál de las categorías encaja tu bebé al observar su comportamiento.

Elige un juguete favorito seguro

Elige un juguete suave por el que se sienta atraído tu bebé o utiliza un peluche que cumpla estos criterios:

- Sin ojos o nariz salientes, ni ninguna pieza que sea extraíble por pequeña que sea.

- Sin ropas, gorros o cualquier trozo de material extraíble.

- Resistente, compacto.

- Que sea pequeño y fácil de manejar para los bebés.

Emily, veinticuatro meses

El juguete favorito ideal es un peluche para bebés. Por ejemplo, yo compré una pequeña muñeca de trapo llamada «Snoedel» (en snoedel.com) para mi hijo Coleton. (Ten en cuenta que no tengo ningún interés económico por esta empresa excepto el de ser un cliente satisfecho). Después de acostumbrarse a tenerla en su cuna, nos hacía saber que estaba cansado cuando preguntaba por su «noodle» (o podíamos hacer que se cansara acurrucándole con su «noodle»).

Cuando hayas elegido el juguete favorito, colócalo entre los dos siempre que le des el pecho, el biberón o lo mezas. En otros momentos del día, puedes «guardar» el juguete durante varias horas debajo de tu camiseta para que adquiera el agradable olor de mamá, porque los bebés pueden reconocer los aromas de sus padres. Al principio, es mejor utilizar este juguete sólo durante las horas de sueño para ayudarle a dormirse.

Puedes introducir un juguete favorito a cualquier edad. Si tu bebé es aún muy pequeño puedes elegir por él su juguete favorito e influir en su respuesta hacia éste. A medida que vaya creciendo, irá teniendo voz y voto para definir qué le calma y por qué siente atracción. En cualquier momento puedes verle dando vueltas con una manta completamente gastada o con un osito de peluche sin pelo, o con un trozo de la vieja bata de mamá. A medida que vaya creciendo puede que veas cómo va ampliando la utilidad de este juguete al abrazarse a él en los momentos en los que necesite sentirse seguro. Así que, si haces algo al respecto, hazlo directamente con algo que no te importe tener en la familia durante los próximos años.

Si el bebé siente bastante apego por este juguete, asegúrate de comprar dos, por si a caso se pierde, o al menos elige uno que sea fácil de reemplazar o que se encuentre disponible en el mercado.

Testimonios de madres

«Por fin, encontré un juguete favorito para Carrson que me gustase y que también le gustase a él. Cuando lo sujetábamos entre los dos mientras le daba el pecho, él jugaba y hablaba con él. Se ha convertido en un amigo».

Pia, madre de Carrson, ocho meses

Haz que los sueños nocturnos se diferencien de las siestas del día

 Esta idea puede servir para todo el mundo.

Cuando tu bebé se despierta, no sabe si es de día o de noche, así que debes ayudarle a que diferencie estos tipos de sueño. Puedes ayudarle a permanecer en un estado de soñolencia durante la noche si se encuentra en un entorno tranquilo y oscuro. Éstas son algunas formas de hacer que el sueño nocturno sea distinto:

- Cuando se despierta por la noche, no le hables, díle «shhh» o «duérmete», pero abstente de hablarle.

- No enciendas las luces. Incluso una simple bombilla de 25 vatios puede activar su reloj biológico para indicarle que «es hora de despertarse». Usa una lámpara de noche de bajo voltaje si necesitas luz.

- Mantén el ritmo de tu actividad lento y tranquilo.

- Ponle unos pañales nocturnos de alta absorción con pomada. Cámbiale sólo si el pañal está muy mojado o sucio o si quiere que le cambies. Cada vez que le cambies de pañales, se despertará y reforzará los despertares nocturnos. Piensa de esta forma: cuando duerma durante toda la noche, no te levantarás a cambiarle los pañales mientras duerme, ¿verdad? Además, como se despertará menos veces a tomar el pecho o el biberón, no tendrá los pañales tan mojados. Cuando le cambies los pañales, ten todos los accesorios que vayas a necesitar a mano, de manera que puedas hacerlo rápidamente, y asegúrate de que le limpias el culito con un paño calentito, ya que un paño húmedo frío seguramente le despertaría.

- Si las ventanas dejan entrar la luz, cúbrelas con algo oscuro y opaco, como persianas o cortinas gruesas e incluso un cartón como solución temporal. Durante las siestas del día, déjalas abiertas.

- Asegúrate de que los juguetes que producen actividad se encuentran lejos de la zona de dormir. En su cama sólo debe haber un peluche o su juguete favorito; no querrás que la noción de «es hora de jugar» se le pase por su cabecita cuando se despierte por la noche. Al igual que los juguetes favoritos y las rutinas, la presencia de otros juguetes es también una señal, pero no es la más apropiada para esta ocasión.

Testimonios de madres

«Siempre he seguido este método sencillamente porque estoy demasiado cansada para cambiar pañales o hablar y jugar con el bebé por la noche. Funciona estupendamente. He criado cuatro hijos en los últimos cinco años y muy pocas veces he tenido que estar despierta durante la noche. Pero muchos de mis amigos tienen este problema. En mi caso, incluso con mis gemelos he estado descansada porque los dos se volvían a dormir rápidamente».

Alice, madre de Rebecca y Thomas, gemelos de seis meses

Crear palabras clave como pista para dormir al bebé

 Esta idea puede servir para todo el mundo.

Puedes hacer que tu bebé sepa que es la hora de dormirse cuando digas ciertas palabras de una manera determinada. Empieza por decidir cuáles van a ser las palabras para la asociación del sueño. El sonido más habitual es el conocido «shhh», ya que se parece mucho al ruido que oía en el vientre materno. Tus palabras clave pueden ser como un susurro, por ejemplo: «Shhh, es hora de dormirse, shhh», o «Duérmete, shhh, duérmete», o como «¡Ya está bien, es hora de dormirse!» (como te habrás imaginado esto último era una broma, aunque recuerdo una noche en que le dije algo parecido a Coleton). Una alternativa a estas palabras clave podría ser canturrear una melodía relajante. Una vez que hayas decidido tus palabras clave, haz que se acostumbre a oírlas diciéndoselas cada vez que esté tranquilo, calmado y adormilado. Cuando se haya acostumbrado a ellas, úsalas para calmarle cuando se despierte por las noches.

Cómo presentar las palabras clave

Durante las primeras semanas, usa las palabras clave sólo cuando se esté quedando dormido. Lo que quieres es que las asocie al hecho de dormirse. *No* las uses cuando está llorando o descontento, ya que *eso* es con lo que él las asociaría. ¿No es curioso? Yo lo aprendí de una entrenadora de perros, sí de una entrenadora de perros. Ella me contó que la mayoría de la gente dice: «No ladres» cuando su perro está ladrando, así que el perro piensa que «No ladres» es la orden para ladrar. Lo que me sugirió es que se le diga cuando el perro está calmado, por lo que el perro lo asociará con la orden de calmarse. También oí algo parecido en una charla sobre «da asociación de la palabra» de Tony Robbins, un experto en estimulación del habla. Sugería que se deben repetir palabras como «relájate» cuando te sientas relajado para que cuando estés estresado puedas volver a ese estado de relajación con estas palabras. Así que, al principio, usa estas palabras cuando tu bebé se encuentre tranquilo, casi dormido. Más tarde, cuando el bebé ya haya hecho la asociación, podrás usarlas para calmarle e indicarle que se quede dormido.

Testimonios de madres

«Mi esposo Royce se ha acostumbrado a utilizar nuestras palabras clave «Shhh, es hora de dormirse» cuando va a acostar a Kyra. Bueno, pues si alguna vez la oye llorar por el interfono por la noche, le oigo decirle: «Shhh, es hora de dormirse», como si Kyra pudiese oirle a través de las paredes. Todas las mañanas le pregunto qué estaba pensando las noche anterior y me dice que no se acuerda de nada».

Leesa, madre de Kyra, 9 meses

Usa música o sonidos como pistas de sueño

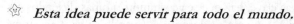 *Esta idea puede servir para todo el mundo.*

Como complemento a –o en lugar de– la estrategia de las palabras clave, una cinta de suaves canciones de cuna durante las siestas o las horas de dormir por la noche también pueden ayudarle a dormirse. De hecho, muchos estudios de investigación indican que la música suave a la hora de acostarse relaja a los bebés y les ayuda a dormirse más fácilmente. Sin embargo, debes elegir la música con mucho cuidado, algunas canciones (incluido el jazz y algunas canciones de música clásica) son demasiado complejas y estimulantes. Elige música repetitiva, sencilla y predecible como las nanas tradicionales. Las cintas grabadas especialmente para dormir a los bebés son una buena opción. Elige algo que también te guste escuchar una y otra vez. Usa un reproductor de música con la función de repetición; te puede resultar muy útil para oír la música cuando la necesites.

Las cintas de sonidos de la naturaleza son muy agradables y son fáciles de conseguir. También pueden servirte los dispositivos o relojes con música de fondo que seguramente habrás visto en los grandes almacenes. Los sonidos de la naturaleza (gotas de agua, el murmullo de un riachuelo o agua que corre) a menudo se parecen a los sonidos del latido de tu corazón y los fluidos que envuelven la placenta, que es lo que tu bebé oía cuando estaba en tu vientre. ¿Te acuerdas de los sonidos que escuchaste cuando oíste los latidos de su corazón en el estetoscopio? El tic-tac del reloj o el borboteo de un estanque de peces son también opciones excelentes como sonidos de fondo.

Testimonios de madres

«Esta mañana salí y compré un pequeño acuario y su sonido parece relajar a Chloe y le ayuda a dormirse. No compré ningún pez, ¿quién tiene tiempo de cuidar a un pez si está medio dormido todo el día?».

Tanya, madre de Chloe, 13 meses

Puedes encontrar cintas o CD indicadas especialmente para bebés y otras destinadas a relajar a los adultos. Elige una u otra, escúchala primero y pregúntate a ti misma: «¿Me relaja? ¿Haría que me durmiese si la escuchase en la cama?».

Si acuestas a tu bebé en una casa ruidosa, llena de gente y actividad, la música (con auto-reverse) te ayudará a camuflar los ruidos que le despiertan como los tintineos de los platos, las conversaciones y las carcajadas de la gente, la tele o los ladridos de los perros. Esto puede ayudarle a distinguir entre dormir por el día en una casa ruidosa y dormir durante una noche completamente tranquila.

Una vez que se haya acostumbrado a tus palabras clave y a los ruidos o la música que le tranquilizan, podrás utilizarlos para ayudarle a que se vuelva a dormir cuando se despierte en plena noche. Cálmale simplemente diciéndole las palabras clave o poniendo la música (muy despacio) hasta que se tranquilice y se quede dormido. Si se despierta y llora, repite este proceso.

Si se acostumbra a escuchar todos estos sonidos para dormirse, puedes llevarte una cinta si vas a estar fuera de casa a la hora de la siesta o del sueño nocturno. La familiaridad de estos sonidos le ayudará a dormirse en un entorno desconocido.

Con el tiempo, tu bebé confiará cada vez menos en esta técnica para quedarse dormido. Puedes ayudarle en este proceso, bajándole el volumen todas las noches hasta que finalmente no pongas la música.

Cambia la asociación del sueño de tu bebé

Esta idea puede servir para los bebés que tomen el pecho, el biberón o usen el chupete muy a menudo.

Tu bebé ha aprendido a asociar la idea de succionar (tener tu pezón, la tetilla del biberón o el chupete dentro de la boca) con dormirse. Muchos expertos se refieren a este proceso como «asociación de sueño negativa». Ni mi bebé ni yo opinamos como ellos. Probablemente se trate de la asociación de sueño más agradable, natural y positiva que se puede tener.

Bebés que toman el pecho muy a menudo

El problema de la asociación de tomar el pecho con dormirse no radica en la asociación en sí misma sino en nosotros mismos por tener unas vidas demasiado ocupadas. Si no tienes nada más importante que hacer además de cuidarle, ésta sería una forma muy agradable de pasar el tiempo hasta que dejase de necesitarlo. Sin embargo, en los tiempos que corren, hay muy pocos padres que se puedan permitir el lujo de aplazar el resto de sus obligaciones hasta que su hijo crezca. Teniendo esto en cuenta, te voy a dar unos consejos para que poco a poco y de una forma muy agradable puedas ayudarle a dormirse sin necesidad de esta maravillosa y eficaz ayuda.

Bebés que toman el biberón muy a menudo

Tu bebé debería ir abandonando la necesidad de tomar el biberón antes de acostarse por numerosas razones. En primer lugar, porque si se queda dormido con un biberón puede que se le derrame el contenido en la boca cuando esté dormido, lo que podría causarle caries. Aunque es menos probable, esto también puede sucederle a un bebé que se duerme mientras toma el pecho.

La segunda razón es que al usar el biberón como ayuda para dormirse, puede que no tenga hambre pero que esté deseando sentir la sensación de succionar mientras se duerme. Por este motivo, seguramente comerá más de lo que realmente necesita.

La tercera razón es que simplemente no es divertido tener que preparar biberones durante toda la noche cuando preferirías estar durmiendo.

¿Debería tu bebé usar chupete?

Todavía no está muy claro si usar chupete es bueno o malo, pero lo que sí es cierto es que el 50 por ciento de los padres ofrecen el chupete a sus bebés porque es una forma efectiva de calmarles y relajarles. Por regla general, se considera aceptable usar el chupete desde aproximadamente los tres meses hasta los dos años de edad. Antes de los tres meses, los chupetes pueden interferir con la toma del pecho y después de los dos años pueden acarrear problemas dentales y retrasos en el habla. Entre ese intervalo de edad muchos padres prefieren dejar dormir a su bebé con chupete. Si éste es tu caso y tu hijo se tranquiliza fácilmente y se vuelve a dormir con su chupete, puedes optar por usar este método para que se calme.

Muchos padres me han contado que en estas situaciones, colocan varios chupetes en la cuna para que el bebé los encuentre en plena noche, lo que les ayuda a dormirse sin necesidad de la intervención de los padres. Compra siempre chupetes de una sola pieza, resistentes, que sean seguros y no se te ocurra atarle uno a él o a su cuna de ninguna manera. Si eliges esta opción, ten en cuenta que aunque algunos niños dejan de usar el chupete por sí mismos, hay otros casos en los que tendrás que luchar para que abandone este hábito.

Si decides que prefieres eliminar su dependencia del chupete (o si te gustaría al menos intentarlo), sigue leyendo.

Testimonios de madres

«Mi bebé duerme con seis chupetes, pero no me importa porque duerme toda la noche. Algún día intentaré que lo deje, pero por ahora prefiero dormir durante toda la noche».

Jennifer, madre de Coby, 6 meses

Cómo hacer que disminuya la asociación de ideas succionar-dormir

Si tu bebé se despierta buscando su biberón, chupete o el pecho, lo más probable es que le des lo que necesita para que se vuelva a dormir. El problema radica en que su asociación con el sueño no cambiará a menos que le ayudes a hacerlo (consulta el capítulo 2).

Para cambiar su asociación del sueño, puede que tengas complicaciones con los despertares nocturnos durante semanas e incluso meses, pero al final conseguirás que deje de considerar el biberón, chupete o el pecho como su única asociación del sueño. En otras palabras, prepárate para dejar de dormir toda la noche seguida por un tiempo, con el fin de lograr estos importantes cambios a largo plazo.

Plan de Pantley para acabar con el chupete

Si tu bebé se despierta, métele en la boca el chupete, el biberón o dale el pecho. Pero en lugar de dejarlo en su cuna y volver a la cama o dejarlo que se quede dormido tomando el pecho, déjalo que chupe durante unos minutos hasta que sus chupaditas sean lentas y se encuentre relajado y adormilado. Entonces, quítale el chupete o la tetilla con cuidado.

A menudo, especialmente al principio, se sobresaltará y buscará la tetilla. Intenta mantenerle la boca cerrada poniéndole el dedo bajo la barbilla, o presiónale la barbilla justo debajo del labio, a la vez que le meces y le balanceas. Si tienes unas palabras clave, úsalas. Si lucha contra esto y se empeña en buscar la tetilla o el chupete o se inquieta, adelante, dale el chupete o la tetilla, pero repite el proceso de quitárselo tantas veces como sea necesario hasta que se duerma.

¿Cuánto tiempo hay que esperar para quitárselo? Cada bebé es distinto, pero normalmente entre 10 y 60 segundos es suficiente. También debes vigilar la acción de chupar de tu bebé. Si tu bebé chupa muy fuerte o traga regularmente mientras come, espera unos minutos hasta que disminuya su ritmo. Presta atención a su forma de tragar y decide cuál es el momento adecuado. Puedes intentar quitárselo en ese momento, pero tendrás que detener el flujo de leche con la mano o esperar unos minutos hasta que el flujo disminuya. Normalmente, después de un impulso de actividad inicial, irá pasando a un ritmo más lento y relajado; éste es un buen momento para intentar quitarle la tetilla.

Puede que tengas que intentarlo de dos a cinco veces (o incluso más), pero algún día se quedará por fin dormido sin el chupete o la tetilla en la boca.

Testimonios de madres

«Nosotros le llamamos a esto el gran QCP (quita-chupetes de Pantley). Al principio Joshua notaba mis intenciones y apretaba más fuerte mi pezón, ¡ahh! Pero tú me decías que siguiera intentándolo y así lo hice. Ahora se anticipa al QCP y lo deja y se acomoda para dormirse antes. Estoy impresionada».

Shannon, madre de Joshua, 19 meses

Cuando lo hayas hecho varias veces durante varios días, te darás cuenta de que será más fácil quitárselo y se despertará menos veces.

El plan de Pantley para acabar con el chupete es como sigue:

(Este plan es para los bebés que toman el pecho, pero el plan es el mismo para los bebés que toman el biberón o usan chupete).

El bebé está despierto y chupa enérgicamente.

Los ojos del bebé se cierran y la velocidad de succión va disminuyendo.

Le retiras suavemente el pezón.

El bebé se agarra (moviendo la boca hacia ti).

Intentas sujetarle la barbilla, pero no te hace caso.

Le das de nuevo el pecho.

Cuentas: mil, dos mil, … diez mil.*

Le retiras suavemente el pezón.

El bebé se agarra.

Intentas calmarlo pero no hay forma.

Cuentas: mil, dos mil..., diez mil.

Le retiras suavemente el pezón.

El bebé se agarra.

Le das de nuevo el pecho.

Cuentas: mil, dos mil..., diez mil.

Le retiras amablemente el pezón.

El bebé se mueve un poco y le mantienes la boca cerrada con cuidado.

El bebé no se resiste, está casi agotado.

Colocas al bebé en su cuna.

Se duerme.

Repite este proceso todas las noches hasta que aprenda que puede dormirse sin tener que tomar el pecho, el biberón o usar un chupete.

Si se duerme bien de esta manera, puedes usar esta técnica también para las siestas.

---

* La cuenta te sirve a ti como orientación para medir el tiempo y también es una forma de mantener la calma durante los intentos repetitivos. Te sirve para averiguar qué periodos de tiempo son los más adecuados para ti y para tu bebé (N. de la A.).

Si no duerme bien, no te molestes demasiado en intentar quitárselo durante las siestas del día. Ten presente que una buena siesta implica un buen sueño nocturno y mejor sueño nocturno también significará mejores siestas. Es un círculo vicioso. Una vez que consigas que duerma mejor por las noches, puedes probar con las siestas, aunque una vez que hayas resuelto la asociación de sueño nocturno, el sueño de las siestas puede que se solucione por su cuenta.

Debes usar el plan de Pantley para quitarle el chupete la primera vez que se queda dormido por la noche. Normalmente, el modo en el que se duerme afectará al resto de los despertares nocturnos. Creo que esto se debe a que la asociación de sueño afecta a lo que expliqué anteriormente cuando hablábamos de las características básicas del sueño. Parece ser que la forma en la que se queda dormido por la noche es cómo espera quedarse durante el resto de la noche.

Como no queremos que llore, esta solución no se consigue sólo en un día. Después de unos diez días, a medida que vayas rompiendo esta fuerte asociación de sueño, comprobarás que se despierta menos veces durante la noche.

Cambiar la rutina

En muchas ocasiones, los padres tenemos una rutina que hemos seguido con nuestros hijos desde su nacimiento. El paso final antes de dormir a tu bebé es a menudo darle el pecho o el biberón. Algunos bebés, como en el caso de mi pequeño Coleton, pueden continuar con este patrón y dormir durante toda la noche. Aunque también hay otros bebés que necesitan que cambie el paso final de su rutina antes de empezar a dormir toda la noche por sí solos. Por ello, debes prestar especial atención a los pasos finales a la hora de acostarle y hacer los cambios que sean necesarios para que se duerma.

Puede que desees darle unos masajes, hacerle arrumacos o utilizar las palabras clave (consulta el apartado «Crear palabras clave como pista para dormir al bebé») para ayudarle a que se vuelva a dormir. Algún día, las palabras clave y una caricia sustituirán a tomar el pecho o el biberón y después esto también acabará y dormirá más tiempo. Esto es lo que me decía una de las madres del estudio.

Testimonios de madres

«He cambiado el modo de acostar a Carlen y ¡funciona! En lugar de darle el pecho, la alimento hasta que se relaja y le dejo hacer lo que quiera con la habitación a oscuras. Cuando se frota los ojos y parece adormecida, la meto en su cuna. Antes solía salir de la habitación con la esperanza de que no se moviese, pero se agitaba hasta que yo volvía a entrar. Pero ahora, me quedo allí, de pie al lado de la cuna y la estimulo para que se duerma. Le digo las palabras clave: «Shhh, es hora de dormirse, cierra los ojitos, pequeña dormilona», y le digo que ya es la hora de dormirse. Le acaricio la cabeza o la barriguita y ella cierra los ojos cuando lo hago. Los abre un par de veces más hasta que finalmente los cierra. Desde que no le doy el pecho ni la mezo, se queda dormida de esta forma, así que cuando se despierta ligeramente durante la transición del ciclo de sueño, es capaz de volverse a dormir sin mi ayuda. Ha sido un adelanto importante».

Rene, madre de Carlene, 7 meses

Ayuda a tu bebé a que se vuelva a dormir por sí solo mientras le das el pecho y duermes con él

Esta idea puede servir para los bebés que tomen el pecho y duerman con sus padres.

Si le das el pecho a tu bebé y duermes con él, notarás que se despierta más a menudo que si estuviese en su cuna. Pero puede que pienses que las razones por las que duermes con él superan a los inconvenientes de padecer unos cuantos despertares nocturnos. Al igual que tú, yo también he optado por darle el pecho y dormir con él por muchas razones que son importantes para mí y lo he hecho con mis cuatro hijos. Si aún no lo has hecho, te aconsejo que leas el libro *Attachment Parenting* de Katie Granju y Betsy Kennedy, Pocket Books, 1999. Es un libro maravilloso que te ayudará a comprender y a disfrutar de las opciones que elijas en relación con dónde y cómo duerme tu bebé.

Un aspecto importante que debes recordar es que «esto también pasará». Todos mis hijos empezaron a dormir durante toda la noche en un determinado momento y los tuyos también lo harán. Sin embargo, existen diversas formas

de acelerar el proceso para que duerman durante toda la noche, incluso aunque sigan durmiendo en la cama contigo.

Asegúrate de haber leído la lista de seguridad del capítulo 1. La mayor parte de todo lo que he leído sobre los peligros asociados a dormir con tu bebé señala que el problema real son los entornos peligrosos para dormir. Lee sobre este tema, toma una decisión inteligente basada en la información que hayas recopilado y sigue estrictamente todas las medidas de seguridad.

Testimonios de madres

«No estoy preparada para sacar a Atticus de mi cama. Disfruto tanto teniéndolo a mi lado cómodamente. Dormía con mi hija Gracie cuando era un bebé y ella se adaptó con mucha facilidad al hecho de dormir sola cuando ambas estuvimos preparados. La hora de irse a la cama siempre ha sido una hora muy agradable y siento que pasará lo mismo con Atticus cuando llegue el momento. Aún así, me gustaría que se despertase menos veces para tomar el pecho».

Pam, madre de Atticus, 11 meses, y de Gracie, 5 años

El problema de las madres que dan el pecho a sus bebés y duermen con ellos es que están tan compenetrados el uno con el otro que el más leve ruido o movimiento les despierta. La mamá y el papá acabarán por despertarse más veces que su bebé, con lo que se creará un patrón de sueño-despertar que durará toda la noche.

El truco consiste en conseguir que tu bebé se acostumbre a dormir a tu lado pero que también sea capaz de volverse a dormir sin tu ayuda (normalmente dándole el pecho). Puedes hacerlo acortando las rutinas de ayuda nocturna. Sé que esto es posible, porque hoy mi hijo Coleton de 18 meses (que todavía toma el pecho y duerme conmigo) duerme 10 horas seguidas por la noche sin abrir los ojos ni una sola vez. Es el mismo bebé que se despertaba aproximadamente cada hora para tomar el pecho hace sólo unos meses. Así que soy una prueba real de que no es necesario que dejes de usar el ritual de sueño que te guste para poder dormir tranquilamente. Por supuesto que no todos los bebés responderán de la misma forma que lo hizo Coleton, pero muchas de las madres del estudio prueban a darle el pecho a sus bebés y dormir con ellos y lo logran sin tener que sacar a los bebés de sus camas. En el caso de algunos bebés más obstinados es necesario cambiarlos a otra habitación antes de abandonar el placer de tomar el pecho por las noches, pero intenta poner en práctica mis ideas durante varias semanas antes de asumir que esto es lo más adecuado para tu bebé. Si decides que es el momento de sacar a tu bebé de la cama, encontrarás ideas para hacer esta transición de una manera tranquila y agradable en el apartado «Ayuda a tu bebé a que vuelva a dormir por sí solo y cámbialo de su cuna».

Cuando tu bebé se despierta, probablemente sigues una rutina para hacer que se vuelva a dormir. Para Coleton y para mí la rutina consistía en darle el pecho; solía dárselo hasta que se quedaba totalmente dormido y el pezón se le salía de la boca. Cada vez que se despertaba seguíamos el mismo patrón: Coleton se despertaba, yo le daba la vuelta, le daba un beso en la cabecita y él tomaba el pecho (un ritual tranquilo y maravilloso). Algunas veces se despertaba con el ceño fruncido en busca de su beso y su cambio de posición. Por muy dulce que fuese este ritual, después de doce meses haciéndolo cada hora, necesitaba un cambio urgentemente.

Deja de alimentar a tu bebé cuando está dormido

Mientras escribía este libro, el aprendizaje para romper esta asociación se desarrolló de manera gradual, reflexiva, y requería numerosas pruebas. Me di cuenta de que respondía a Coleton tan rápida e intuitivamente que le daba el pecho incluso antes de que realmente hiciese algún ruido; con que simplemente estornudara, gorjeara o se agitara un poco yo le colocaba inmediatamente al pecho. Me empecé a dar cuenta de que en muchas de estas ocasiones se habría vuelto a dormir sin mi ayuda.

Como sabes, soy una fiel seguidora de la regla «no dejes llorar nunca a tu bebé» y me la tomé muy en serio. Lo que no llegué a comprender es que los bebés hacen ruiditos mientras duermen y que estos ruiditos no significan que el bebé necesite tomar el pecho. Los bebés se quejan, roncan, hacen ruidos con la nariz, gimotean e incluso lloran y pueden tomar el pecho mientras duermen.

El primer paso que debes dar para ayudarle a dormir más tiempo es aprender a distinguir entre los ruidos del sueño y los ruidos de los despertares. Cuando haga un ruido, escúchale atentamente; espera y obsérvale detenidamente. Mientras que le escuchas y le miras con atención, aprenderás a diferenciar los ruidos del sueño de los ruidos del tipo «Estoy despierto y necesito que me ayudes». Cuando lo aprendí, empecé a «jugar a estar dormida» cuando Coleton hacía un ruido por la noche. Sólo le escuchaba y observaba, sin mover un solo músculo, hasta que empezaba a hacer ruidos de despertares reales. Algunas veces no lo hacía, simplemente se volvía a dormir.

Testimonios de madres

«Anoche cuando estaba tomando el pecho, le aparté y le puse el dedo debajo de la barbilla tal como me sugeriste. Pensé: «Esto no va a funcionar, se volverá loco», pero funcionó y ¡se volvió a dormir! El otro truco también es muy útil. Cuando le levanto y le doy la vuelta piensa que yo también estoy dormida y se vuelve a dormir».

Carol, madre de Ben, 9 meses

Acorta la duración de las tomas por las noches

Puede que te encuentres siguiendo el mismo patrón que nosotros: le das el pecho y, a continuación, os dormís los dos. Es muy fácil que esto ocurra, porque al darle el pecho tu cuerpo desprende ciertas hormonas que hacen que entre sueño, de la misma forma que la leche materna hace que el niño se adormezca.

El problema está en que tu bebé se queda profundamente dormido tomando el pecho, por lo que empieza a creer que la única manera de quedarse dormido es con el pezón en la boca. Por este motivo, cada vez que tiene un breve despertar, intenta recrear la acción que le induce al sueño. Puedes ayudarle a que aprenda a quedarse dormido sin tu ayuda acortando los intervalos de darle el pecho por la noche.

Si estás seguro de que está despierto, esperando a que le des el pecho, dáselo durante un ratito corto. ¡No te duermas! Tan pronto como empiece a disminuir el ritmo de succión, puedes empezar a apartarle mientras le acaricias. Consulta el Plan de Pantley para retirarle el hábito del chupete.

Algunas veces puedes ponerle la mano sobre tu pecho mientras se lo retiras de la boca, ya que muchos bebés aceptarán esto como un sustitutivo de tomar el pecho; siente que estáis conectados y sabe que si necesita leche la tiene muy cerca.

Otra opción es hacer que la toma le resulte un poco más incómoda. Para ello, en lugar de estar tumbados, barriguita con barriguita con el bebé acunado en tus brazos, échate hacia atrás ligeramente para que tenga que hacer un esfuerzo por mantener el pezón en la boca. En muchas ocasiones decidirá que es mucho esfuerzo, desistirá de intentarlo y se volverá a dormir.

Si gimotea en algún momento durante este proceso, o te da la impresión de que está realmente despierto (por ejemplo, porque gatea hacia tu pecho), adelante, dale el pecho. Después repite el proceso para acortar la toma y apártalo antes de que esté profundamente dormido.

Algunas veces puede que tengas que intentarlo de tres a cinco veces antes de que se quede dormido. Después de una semana utilizando esta técnica, mi pequeño Coleton se empezó a desenganchar, me volvía la espalda y se quedaba dormido. Fue increíble, quizás sólo una mamá que duerma con su hijo y le dé el pecho pueda apreciar lo dulce que resulta que el pequeño te dé la espalda. De hecho, Coleton (que tiene 18 meses en el momento en que escribo este libro) lo sigue haciendo: toma el pecho hasta que se siente cómodo y después se da la vuelta y se queda dormido. Ahora que ya duerme unas diez horas, le dejo en la cama con su hermano David (ver foto en la página xxi) y puedo irme a la cama con mi marido durante un rato sin las interrupciones de los niños.

Mueve la leche

Ésta es otra idea dedicada especialmente a los padres que duermen con sus bebés. Después de darle el pecho, apártate de él. Si está acurrucado cómodamente a tu lado, se despertará y querrá mamar más a menudo, algunas veces, como ya mencioné anteriormente, incluso mientras duerme. Si se ha acostumbrado a sentirse cerca de ti, puedes buscar un sustituto: un pequeño peluche es lo ideal. (Consulta el apartado «Introduce un juguete favorito»). Colócale simplemente el juguete junto al cuerpo o las piernas (lejos de la cara) cuando te apartes, para que sienta que hay algo a su lado.

En el caso de los bebés que se empeñan en tomar el pecho, incluso puedes cambiar la forma de dormir durante unas semanas hasta que los despertares nocturnos estén bajo control. Yo coloqué dos colchones en el suelo en nuestra habitación para dormir. Durante el periodo de cambio, empecé a darle el pecho a Coleton en una de las camas y, una vez que se quedaba dormido, me iba a la otra. Por cierto, sólo estaban separadas unos centímetros de distancia, lo suficiente para que no se produjera ningún despertar extra. Si dispones de una cuna puedes probar con la modalidad sidecar poniendo la cuna al lado de la cama; así le permites tener su propio espacio para dormir. Aún con el riesgo de parecer una pesada, te recuerdo que debes seguir las medidas de seguridad si lo haces.

Testimonios de madres

«Por fin me di cuenta de que tenía un temor oculto que consistía en que si yo la abandonaba por la noche ella me abandonaría por el día. No quería que eso sucediese, así que le daba el pecho sin importarme la hora que fuese del día o de la noche. He cambiado mi forma de pensar y ahora le doy el pecho durante un buen rato antes de acostarla y otra vez por la mañana, en lugar de darle el pecho durante toda la noche».

Becky, madre de Melissa, 13 meses

Debes saber que algunos bebés que duermen con sus padres son tan persistentes que tienen una especie de «radar de mami» y continúan despertándose con frecuencia hasta que duermen en otra habitación. Si pruebas a poner en práctica mis ideas y aún así tu hijo se sigue despertando a menudo, tendrás que tomar una decisión crítica: ¿Qué es más importante ahora, dormir con tu bebé o simplemente dormir? No puedo responder a esta pregunta por ti y además no existe una sola respuesta correcta. Tendrás que analizar cuáles son las necesidades de cada miembro de tu familia para decidir qué camino debes tomar. Incluso si decides que duerma en otra habitación, recuerda que puedes llevarle de nuevo a tu cama si duerme profundamente toda la noche.

Puedes usar las palabras clave para ayudarle a que se vuelva a dormir (consulta el apartado «Crear palabras clave como pista para dormir al bebé»). Llegará el día en que las palabras clave y las caricias sustituirán al pecho y más adelante éstas también desaparecerán y tu hijo dormirá durante más tiempo sin despertarse. Como casi todas las ideas que aparecen en este libro, este cambio debe realizarse de manera gradual, no se trata de ajustes rápidos o transiciones agresivas.

Testimonios de madres

«Chloe duerme en su cuna y cuando se despierta me la llevo a nuestra cama. Como hemos dormido juntos desde el principio, estoy tan acostumbrada a dormir con ella que estoy deseando que se despierte para llevármela a nuestra cama. Sé que parece bastante extraño, pero quería que supieses que tu programa nos está afectando tanto a ella como a mí».

Tanya, madre de Chloe, 13 meses

Ayuda a tu bebé a que vuelva a dormir por sí solo y cámbialo de su cuna

☆ *Esta idea puede servir para cambiar a la cuna a los bebés que duermen con sus padres.*

No importa si tu bebé ha dormido con vosotros desde que nació o solamente en algunas ocasiones, durante un mes o un año, llegará el momento en el que tengas que sacarlo de tu cama para que duerma solo. A continuación encontrarás una lista de ideas para realizar esta transición. Después de revisarlas, elabora una estrategia eligiendo las que mejor se adapten a tu situación familiar.

Algunos padres deciden esperar hasta que su bebé esté preparado para cambiarse por sí solo. Esta opción es perfecta si no tienes ninguna prisa por hacer el cambio; si es así, disfruta de estos momentos y deja que el proceso siga su curso natural. Estas ideas no implican que tu hijo deba dormir en su propia cama si no es eso lo que quieres, sino que pretenden ayudar a aquellos padres que hayan decidido que les gustaría que su hijo durmiese en su propia cama.

Ten en cuenta que en la mayoría de los casos este cambio no tiene que realizarse de una noche para otra. A menudo, lo mejor es realizar la transición a lo largo de varias semanas o incluso meses. Por otra parte, si uno de los padres o los dos no tienen paciencia para esperar, puedes hacer el cambio rápidamente siempre y cuando sigas atendiendo sus necesidades.

Independientemente de lo que decidas, recuerda que le gusta dormir por las noches en tu cama y que al principio no le agradará la idea de dormir solo. Intenta que la transición sea lo más fácil posible.

Comprueba las ideas que te atraigan. Revísalas, reflexiona y crea tu propio plan para sacarle de tu cama.

Estar cerca pero no demasiado

Coloca un colchón o un cojín en el suelo junto a tu cama; colócale encima para que se duerma y vuelve a la cama. Si se despierta para tomar el pecho, el biberón, porque necesita que le abraces o que le des seguridad, la mamá o el papá pueden tumbarse en el colchón, atenderle hasta que se vuelva a dormir y volver a la cama para que se acostumbre a dormir solo. Después de una semana aproximadamente siguiendo este método, cambia el cojín o el colchón a su habitación. También puedes hacerlo al contrario: dejar que duerma solo en tu cama mientras que tú duermes en un colchón en el suelo. De nuevo, sigue todas las precauciones de seguridad.

Crea una cama familiar en miniatura

La mayoría de los bebés que duermen con sus padres dormirán bien en cualquier sitio siempre que estén junto a mamá y papá. Puedes aprovechar esta ventaja para acostumbrarle a que duerma solo.

Si el pequeño es lo suficientemente mayor (más de diez meses por lo menos) coloca un colchón en el suelo de su habitación. Asegúrate de que ésta es segura para el niño y sigue todas las precauciones que aparecen el capítulo 1.

Usa la rutina habitual para acostarse, pero en lugar de dormir en tu cama, duerme con él en su habitación. Puedes estar con él durante las primeras noches para que se sienta a gusto con el cambio.

Después de varias noches, puedes levantarte e irte a dormir a tu habitación cuando tu hijo se haya dormido. Si tiene un juguete o un peluche favorito, colócalo en tu lugar cuando te vayas. Deja un monitor para bebés encendido y si se despierta por la noche ve a su cuarto rápidamente. Se irá dando cuenta de que nunca estás demasiado lejos y empezará a despertarse menos veces.

La cuna de viaje

Si dispones de una cuna para tu bebé y te gustaría que durmiese en ella en su habitación, prueba con este método paso a paso. Sigue cada paso durante dos noches, una semana o más, dependiendo de lo cómodos que os encontréis tú y él con cada paso.

1. Coloca la cuna al lado de tu cama en la modalidad sidecar. Puedes dejar la barandilla que está junta a la cama en la posición más baja o quitarla del todo si quieres. Importante: asegúrate de que la cuna esté bien ajustada a la cama para que no exista ningún hueco en el que pueda quedar atrapado el bebé. Hay cunas especiales para esta finalidad, pregunta en tu tienda habitual.

Si siempre has dormido a tu bebé en brazos, puedes ayudarle a que esta transición le resulte más fácil impregnando las sábanas de la cuna con tu aroma. Puedes dormir sobre la sábana de la cuna durante varias noches, bien usándola como almohada o metiéndotela dentro del camisón durante varias horas antes de acostarte.

2. Una vez que se encuentre cómodo con esta nueva modalidad, puedes subir la barandilla lateral de la cuna y alejarla un poco de la cama. El bebé te oirá, olerá y te verá pero no os despertaréis mutuamente cada vez que uno de los dos se mueva y empezará a sentirse a gusto durmiendo solo.

3. Mueve la cuna hasta el otro lado de la habitación tan lejos de la cama como sea posible.

4. Traslada la cuna a la habitación del bebé y mantén encendido un monitor para que puedas oírlo rápidamente en caso de que se despierte. Después de varias noches, se sentirá seguro y sabrá que estás a su lado si te necesita y empezará a dormir durante intervalos de tiempo más largos.

El modo furtivo

Deja que tu bebé se quede dormido en tu cama como siempre. Tan pronto como esté completamente dormido, llévalo a su habitación y métalo en la cuna. Mantén encendido un monitor para bebés para que puedas oírle rápidamente si se despierta. Cuando se despierte, dale el pecho en una silla o llévatelo a la cama a tomar el pecho, pero después vuelve a ponerle en la cuna en cuanto esté dormido.

Si usas esta técnica, puede que te pases el día de habitación en habitación hasta que se haya completado la transición. Muchos bebés se adaptan bastante rápido y duermen intervalos más largos en esta situación que cuando dormían con otra persona cuyos movimientos les despertaban. Incluso puedes establecer una hora a la que interrumpirás la transición. Por ejemplo, llévale a la cuna cuando esté dormido de nuevo cada vez que se despierte hasta las 3:00

de la mañana y después de esa hora quédate en la cama con él para que puedas dormir un ratito. Como todas mis ideas, ésta no es una proposición rígida y estricta. Puedes probar esta técnica durante unas semanas para que el cambio sea más tranquilo para ti y para tu bebé.

Si quieres realizar el cambio rápidamente, puedes hacerlo de forma persistente y hacer que la transición sea más rápida; haz lo que prefieras.

Esta idea da mejores resultados si puedes pasar algunos ratitos de juego entreteniéndole mientras está tumbado en su cuna durante el día. Esto le ayudará a sentirse a gusto en la cuna, de manera que cuando se despierte por la noche se encuentre cómodo.

Para los bebés que caminan y hablan

Si tu hijo es lo suficientemente mayor para entenderte y duerme en cama (en vez de en cuna), puedes empezar por acostarle en su cama explicándole lo que pasará si se despierta. Crea un «lugar para dormir» en tu habitación: un colchón o cojín cerca de la cama. Explícale que si se despierta por la noche puede venir a esta camita y dormir allí. Explícale también que mamá y papá necesitan dormir por lo que debe andar de puntillas con mucho cuidadito para no despertarles. Si logra seguir este plan con éxito, asegúrate de premiarle a la mañana siguiente por lo bien que lo ha hecho.

Cuando pongas en práctica esta idea, puede que tengas que acondicionar la habitación de manera que sepa que donde duerme es la habitación de un «niño mayor». Puedes volver a distribuir los muebles de la habitación, comprarle unas sábanas nuevas, otra almohada y llenar esta nueva cama de animales de peluche que serán sus nuevos amigos. Puedes dejarle un vasito de agua en la mesilla o una linterna o cualquier cosa que le haga sentirse más cómodo en plena noche.

Como parte de este proceso, asegúrate también de que la rutina de antes de acostarse es lo suficientemente larga como para relajarle y que incluye actividades tan agradables como leerle un cuento o acariciarle la espalda. Tu pequeño debe meterse en la cama sintiéndose tranquilo y listo para dormirse, con la certeza de que puede ir a tu habitación si lo necesita.

A algunos niños se les puede convencer de que se queden en sus camas si les prometes que le darás una recompensa al final de la semana. Por ejemplo: «Si te quedas dormidito en tu cama toda la semana, podrás dormir con papá y mamá el sábado por la noche». Por supuesto, como ocurre con todas las ideas sobre educar a tu bebé, deberás pensarlo detenidamente antes de probarlo. Puede que esta idea no te sirva a ti en concreto o que sea contraproducente en tu caso, porque provoque en el niño el deseo de dormir en la cama familiar todas las noches. Es una buena ocasión para recordarte que no sólo debes tener en cuenta la disposición de tu hijo y tu situación familiar en concreto, sino que también debes sentirte libre para elegir las ideas que te sirvan para crear tu propia fórmula; utiliza tu creatividad. Tú conoces mejor a tu familia y yo sé del sueño. Juntos podemos hacer que tu pequeño duerma durante toda la noche.

Crea una cama de hermanos

Si tu bebé tiene más de dieciocho meses y si tienes otro hijo mayor al que le gusta la idea de dormir con su hermano, trasládalo de tu cama a la cama de su hermano (asegurándote de que tomas todas las precauciones de seguridad que se describen en el capítulo 1).

Nosotros lo hemos probado en nuestra familia y hemos comprobado que nuestros hijos disfrutan realmente durmiendo juntos. Otros padres que han optado por esta modalidad están de acuerdo en que además ayuda a disminuir la rivalidad y las peleas entre hermanos. Me imagino que las muestras de cariño y las charlas a última hora del día y por la mañana temprano contribuyen a que los hermanos estén más unidos.

La modalidad de la cama de hermanos puede incluir también algunas «esperanzas por la cama». Los niños pueden decidir cada noche dónde les gustaría dormir, turnándose para ser el anfitrión de la velada.

Si utilizas la idea de la cama de hermanos, te darás cuenta de que con el paso del tiempo tus hijos empezarán a dormir separados (primero una noche, después dos hasta que un día se acuesten en sus respectivas camas solos). Muchos niños siguen durmiendo de vez en cuando en las habitaciones de sus hermanos durante los años siguientes, lo que les ayuda a mantener la unión especial que favorece la cama de hermanos.

Ayuda a tu bebé a que se vuelva a dormir con ayuda de otra persona

⭐ *Esta idea puede servir para los bebés que duermen con sus padres y para los que toman el pecho.*

La mayoría de las veces, los bebés que duermen con sus padres y los que toman el pecho se despiertan porque les encanta estar con mamá durante toda la noche. Cada vez que se despiertan, ellos te ven, oyen, huelen y sienten y piensan: «Ajá, veo leche calentita y mi mami querida, voy a tomar un poquito». Así que si tu marido, compañero, madre o cualquier otra persona desean ayudarte durante un tiempo, puedes pedirles que duerman cerca de tu bebé en tu lugar.

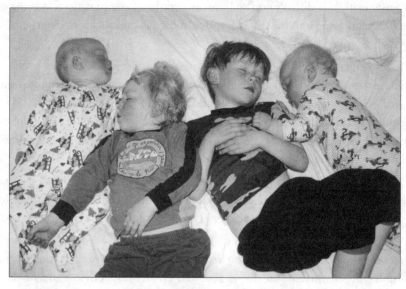

Rebecca, 10 meses, Carolyn, 3 años, Patrick, 5 años, Thomas, 10 meses

Si tu bebé tiene menos de 18 meses, coloca una cuna, canasto o colchón junto a la cama de tu ayudante, ya que no es una buena idea que alguien que no seas tú duerma justo al lado de tu pequeño. Sólo las madres tienen ese «instinto maternal» que evita aplastar al bebé durante la noche. Debe ser una persona a la que tu bebé se sienta muy unido y con la que esté a gusto. Si es posible, deja que él o ella empiece por dormir la siesta durante varios días con tu bebé. Si no puede ser, empieza directamente con los sueños nocturnos.

Cuando tu hijo se despierte, haz que tu ayudante lo meza, le dé un paseo o le canturree cualquier cosa que le ayude a volverse a dormir. Intenta no darle el biberón porque así sustituirías una «ayuda para el sueño» por otra. Si tu ayudante utiliza el chupete para calmarle, ten en cuenta que un día de estos tendrás que ayudarle a que deje de usarlo. Muchos padres están satisfechos con esta opción. Si tu bebé empieza a llorar o se encuentra molesto, o si tu ayudante pierde la paciencia, dile que puede traértelo y vuelve a intentarlo la próxima vez que se despierte. Cuando se acerque a tu lado (ten en cuenta que digo «cuando», no «si») sigue las ideas que aparecen en el apartado «Ayuda a tu bebé a que se vuelva a dormir por sí solo mientras le das el pecho y duermes con él».

Testimonios de madres

«Me resultaba prácticamente imposible calmar a mi hija para que se volviese a dormir sin darle el pecho. Ella se ponía muy nerviosa y enfadada. Optamos por que fuese papá el que la calmara cada vez que se despertaba. Las primeras noches se irritó mucho por el hecho de que fuera papá y no mamá quien se acercaba a su cama para calmarla, pero al final de la semana estaba completamente enamorada de su papi. Mi esposo afirma que ayudarme a calmar a nuestra pequeña (aunque eso significase que no podía dormir en condiciones) ha sido uno de los factores más importantes para unirle a su pequeña. Yo me di cuenta de la estrecha relación que surgió entre ellos inmediatamente y todavía no ha desaparecido aunque haya pasado mucho tiempo».

Deindre, madre de Violet, 19 meses

Ayuda a tu bebé a que se vuelva a dormir en la cuna

Esta idea puede servir para los bebés que duermen en la cuna.

Es probable que cada vez que tu bebé llore o te llame por la noche le ayudes a volverse a dormir. Para conseguir que se vuelva a dormir sin tu ayuda de forma gradual, debes acortar estas rutinas de ayuda.

Cuando se despierta, probablemente seguirás una rutina determinada que le ayuda a volverse a dormir, como tomarle en brazos, mecerle, darle el pecho o el biberón o el chupete. Tal como leíste en el capítulo 2, tu bebé cree que *necesita* esta rutina para volverse a dormir. No queremos ser radicales y que acabes con los patrones de familia que hayas creado; con toda seguridad esto te produciría un gran estrés y tristeza. En lugar de esto, modifica de forma gradual la duración de tu rutina de ayuda para que vayas haciendo cada noche un poquito menos. Algún día, tu bebé creará una rutina nueva que no necesite de tu ayuda.

Cuando se despierte, adelante, utiliza tus recursos habituales para hacer que se vuelva a dormir, pero ve acortando la duración gradualmente y cambia de técnica. De esta forma, en lugar de dejarlo que se duerma por completo, estimúlalo para que se adormezca y después déjalo que termine de dormirse por sí solo. Si se inquieta, repite el proceso.

Puede que tengas que repetir el proceso tres, cuatro o cinco veces las primeras noches y puede que incluso tengas que desistir alguna noche. Después de una o dos semanas, podrás observar el progreso cuando hagas tus registros de diez días.

Tus noches pueden ser parecidas a ésta:

- El bebé se despierta.

- Lo tomas en brazos, te sientas en una silla y le meces, le das el pecho o el biberón y le llevas a la cama contigo hasta que está profundamente dormido.

- Después, probablemente le meterás suavemente en la cuna sin despertarle. Cuando lo vayas a poner en la cuna, hazlo lentamente, con mucho cuidado para que no se despierte.

- A continuación te escabulles de la habitación sigilosamente y aguardas hasta la próxima vez que te llame.

Si vas a seguir esta sugerencia y tu bebé usa chupete, toma el pecho o el biberón cada vez que se despierta por las noches, puedes incorporar el Plan de Pantley para acabar con el chupete.

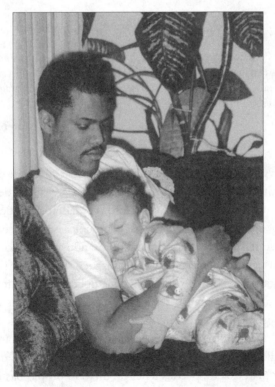

Jared y Jareli, 7 meses

He podido averiguar que a muchas madres se les dice que respondan a sus bebés inmediatamente y que nunca les dejen llorar. Esto supone un problema. Los «expertos» se olvidan de decirte que los bebés hacen ruiditos mientras duermen. Se quejan, roncan, hacen ruiditos con la nariz, gimotean e incluso lloran.

Por lo general, las madres van corriendo a la cuna de su bebé al oír el más leve ruido que hagan y le toman en brazos. Yo hacía esto con mi primera hija hace catorce años y todavía recuerdo que algunas veces estaba dormida entre mis brazos antes de que llegase a la mecedora y me sentase. Lo que no sabía era que en realidad nunca había estado despierta.

Testimonios de madres

«Ayer por la noche cuando oí a Lauren hacer ruidos, me quedé esperando y escuchando en lugar de salir corriendo hacia ella. Me quedé impresionada. En dos ocasiones, antes de que llegase a la puerta de su habitación para verla ella ya se había vuelto a dormir».

Christine, madre de Lauren, 13 meses

El primer paso que debes dar a la hora de ayudar a tu bebé a que duerma más es saber diferenciar entre los ruidos del sueño y los ruidos de despertares. No pretendo sugerirte que ignores sus llantos verdaderos; puede que te necesite y éste es el único modo que tiene para comunicarse. De hecho, si esperas demasiado y se despierta completamente (llorando y gritando) será mucho más difícil conseguir que vuelva a conciliar el sueño. Lo mejor será que mantengas la puerta y tus ojos bien abiertos o que utilices un monitor para bebés. Cuando haga un ruido, párate a escuchar y espera. Si escuchas con atención sus ruiditos, aprenderás la diferencia que existe entre los ruiditos del sueño y los ruidos del tipo «Estoy despierto y te necesito». El siguiente patrón de muestra te indica la duración y el tipo de ayuda nocturna que debes acortar. Esto no es un plan exacto; puedes tener un método propio bastante distinto, pero éste te servirá para ayudarte a comprender los conceptos básicos.

Fase uno: haz que se sienta cómodo hasta que esté casi dormido

Una vez que sepas que está realmente despierto ve a verle. Siéntate en la mecedora y acúnalo, dale el pecho o el biberón, pero sólo hasta que cierre los ojos, disminuya la velocidad al chupar y se esté quedando dormido. Procura no esperar a que se duerma completamente. Quédate un rato de pie con él en brazos, mécele o balancéale suavemente.

Cuando le tumbes, manténle rodeado con tus brazos durante unos minutos haciendo como si le mecieras suavemente. Sí, esto puede ser contraproducente para tu espalda, pero es algo temporal. Tu hijo aceptará el cambio de tu regazo a la cuna si lo haces con suavidad. Ten en cuenta que cuando se duerme entre tus brazos, te estás moviendo y respirando, mientras que la cuna está quieta y silenciosa, por lo que los movimientos suaves le ayudan en la transición.

Una vez que se haya calmado, retira los brazos. Si se agita, ponle la mano encima, susúrrale las palabras clave o enciende la música tranquilizante y mécele, acaríciale o tócale suavemente hasta que se duerma.

Si se despierta y llora, tómale en brazos y repite este proceso. Puede que tengas que hacerlo dos, tres, cuatro o incluso hasta cinco veces, pero no pasa nada.

Si tu bebé o tú os cansáis de intentarlo, colócale para que duerma como lo hace normalmente y deja el plan para más adelante. Algún día se encontrará más a gusto con la nueva rutina y se dormirá.

Seguirá dependiendo de ti para volverse a dormir, pero como está acabando el proceso de quedarse dormido en su cuna, estará un paso más cerca de quedarse dormido por sí solo cuando se despierte por la noche.

Recuerda que vas a hacer un cambio. Puede que te lleve un tiempo lograr que esto funcione, pero servirá para que no pases otro año o más sin poder dormir.

Cuando creas que tu nueva rutina funciona, pasa a la fase dos.

Testimonios de madres

«La primera noche que probé el 'método Pantley' funcionó perfectamente como por arte de magia. Le tuve que sacar de la cuna cuatro veces y tomarlo en brazos, pero después de la cuarta vez se empezó a inquietar, así que le acaricié la espalda y usé las palabras clave; no lloró nada y se volvió a dormir hasta cerca de las 5:00 de la mañana. Éste es otro éxito, porque normalmente se despierta a las 3:00 ó 3:30. Conseguir que se vuelva a dormir después de las 5:00 es otra batalla que tenemos que ganar. Ya lo sé, hay que tener paciencia y seguir los pasos del bebé».

Kim, madre de Mathieau, 13 meses

Fase dos: bebé calmado y soñoliento

Siéntate en una silla y mécele y dale el pecho o el biberón hasta que esté calmado y soñoliento pero aún sin dormirse. Ponle música o sonidos especiales para dormir. Colócale en la cuna, acaríciale o tócale y dile las palabras clave hasta que se quede dormido. Si se despierta y llora, levántale y repite el proceso. Puede que tengas que hacerlo dos, tres, cuatro o incluso cinco veces, pero no pasa nada. Si el proceso no da resultado, colócale para que duerma como lo hace normalmente. Como en la fase uno, se encontrará más cómodo con la nueva rutina y se dormirá. Sí, te lo vuelvo a repetir: es importante que detengas el proceso en el momento que creas que no funciona. Con el paso del tiempo podrás comprobar la mejoría. Cuando creas que la nueva rutina funciona, pasa a la fase tres.

Fase tres: haz que se sienta cómodo sin levantarle

Cuando le oigas hacer algún ruido y te parezca que se va a despertar, ve inmediatamente a verle, pero intenta no levantarle; ponle música, acaríciale, tócale o rodéale con tus brazos hasta que se quede dormido. Dile las palabras clave mientras se está quedando dormido. Si se despierta y llora, vuelve a la fase dos o incluso a la fase uno, pero procura que sea por poco tiempo y después repite este proceso. Cuando creas que la nueva rutina funciona, pasa a la fase cuatro.

Testimonios de madres

«Tuvimos mucho éxito con las fases uno y dos, pero no hay forma de pasar la fase tres. Seguimos intentándolo y justo cuando iba a rendirme, ¡bingo! Una noche maravillosa se volvió a dormir sin que tuviera que sacarla de la cuna. Éste fue el punto decisivo. Nunca llegamos a hacer la fase cuatro porque una semana después dejó de despertarse por las noches».

Heidi, madre de Elise, 10 meses

Fase cuatro: caricias tranquilizadoras

Ve a ver a tu bebé pero intenta no levantarle. Ponle la música relajante o sonidos de fondo muy bajito, acaríciale o tócale. Quédate al lado de la cuna y dile las palabras clave. Si se despierta y llora, vuelve a la fase tres o incluso a la dos pero procura que sea por poco tiempo y después repite este proceso. Cuando creas que la nueva rutina funciona, pasa a la fase cinco.

Fase cinco: calmar al bebé con palabras

Ve a la habitación del bebé y quédate en la puerta. Intenta averiguar si necesita música o sonidos para dormir. Dile las palabras clave. Si se despierta y llora, vuelve a las fases anteriores pero procura que sea por poco tiempo; después, repite este proceso. Cuando tu nueva rutina funcione, pasa a la fase 6.

Fase seis: tranquilizar desde la puerta

Ve a la habitación del bebé, permanece en el umbral de la puerta pero donde él pueda verte y dile desde allí las palabras clave. Si se despierta y llora vuelve a las fases anteriores pero acórtalas. Después, repite el proceso.

La idea es que vayas avanzando hacia tu meta mediante pasos pequeños, de forma gradual. Este ejemplo no pretende ser una fórmula para el caso de todos los bebés sino que es una demostración de esta idea. Tendrás que revisar tus propios rituales para acostar a tu hijo y modificarlos ligeramente todas las noches hasta que consigas alcanzar el objetivo que te hayas marcado para dormir.

Ten en cuenta que estas fases no son pasos inflexibles y rígidos. Vigila a tu bebé. Déjate llevar por tus instintos y por lo que te dice tu corazón. Modifica tu plan y sé flexible a la hora de seguir los pasos. Sin darte cuenta, te irás acercando gradualmente al objetivo de conseguir que tu bebé duerma durante toda la noche sin tu compañía y un día lo conseguirás.

Escribe un «bestseller» sobre la familia

Esta idea puede servir para los padres de bebés mayores de dieciocho meses.

Tu bebé ya es mayor y puede comprender más cosas de la vida diaria. Lo más probable es que ya le hayas enseñado a pedir las cosas *por favor* y a dar las *gracias*. Seguro que ya es capaz de seguir instrucciones sencillas, como «Pon esto en la estantería». La mayoría de los bebés de esta edad disfrutan con la lectura, sobre todo de libros con fotos y bebés de verdad. Puede que le ayude que le leas cuentos sobre dormir a la hora de acostarse. Creo que la mayoría de estas actividades describen una rutina predecible de antes de acostarse: juegos, baño, pijamas, cuento, biberón o pecho, cama. El hecho de ver que otros niños se van a la cama de la misma forma que él le puede ayudar a hacer lo mismo.

Es una buena ocasión para que le escribas un cuento sobre el sueño. Esta idea me ayudó a conseguir que mi hijo David dejase de tomar el pecho cuando tenía dos años y medio y se puede aplicar también a otros cambios, tales como dormir durante toda la noche. Puedes hacerlo de la siguiente forma: usa una cartulina o un papel muy grueso. El libro debe ser bastante grande. Pega las páginas con pegamento, pero no lo hagas hasta que hayas terminado todo el libro para que puedas reemplazar fácilmente cualquier página que se estropee. Vamos a ver dos tipos distintos de libros; elige el que quieras o incluso los dos.

Libro uno: mi libro del sueño

Recorta muchas fotos de bebés de las revistas, anuncios o periódicos. Intenta buscar fotos que induzcan al sueño, tales como un bebé en una cuna o un bebé tomando un baño. Recorta también fotos de cosas que forman parte de la rutina de la hora de acostarse: libros con fotos, un cepillo de dientes, pijamas.

Utiliza las fotos para crear un libro que muestre exactamente paso a paso tu rutina de la hora de acostarse. Escribe una historia en las páginas relacionada con las fotos. Léele el libro todas las noches justo antes de empezar tu rutina de antes de acostarse.

Libro dos: el libro del crecimiento personalizado

Titula tu libro *Todo sobre [el nombre del bebé]*. Describirá la historia de la vida de tu bebé, centrándose en el sueño (y en la alimentación también, si utilizas esta idea para ayudar a tu bebé a que deje de tomar el pecho o el biberón). También puedes utilizarla para hacer que tu bebé deje de usar el chupete o para cualquier otra cuestión como que tu bebé aprenda a adaptarse a cualquier cambio importante en su vida, tal como explicarle un nuevo embarazo o tratar el tema del divorcio.

Reúne las fotos de tu bebé desde el día de su nacimiento. Empieza con una imagen de cuando era recién nacido, sigue con el desarrollo de su vida acabando con esas fotos de acciones características y elementos de la rutina de antes de acostarse. Las fotos del bebé tomando el pecho, un biberón, con su chupete, su pijama, leyendo un libro, tumbado en la cama y durmiendo te pueden ser muy útiles. Si es posible, toma fotos de tu bebé durante cada paso de la rutina de antes de acostarse, incluyendo varias fotos de él mientras duerme profundamente. En una de las fotos del sueño, haz que aparezcan mamá o papá en el fondo sonriendo mientras mira a su bebé.

Cada página mostrará una foto de tu bebé y explicará lo que está sucediendo. El final del libro mostrará el objetivo relacionado con el sueño de tu bebé, darle el pecho, el biberón o usar el chupete. En otras palabras, el libro retratará los resultados que esperas conseguir.

Este libro será completamente personalizado para tu familia. Los siguientes textos son algunos extractos del libro que creé para David hace ocho años.

Como ventaja adicional, tendrás este libro como recuerdo a medida que tu bebé vaya creciendo. Disculpa por las manchas de las lágrimas que me cayeron mientras lo escribía.

(Foto de recién nacido: David tomando el pecho) David es un bebé que acaba de nacer. Su mamá y su papá le quieren muchísimo. Están muy felices de que haya nacido. A David le encanta tomar el pecho y la leche de mamá.

(Foto de seis meses: Angela dándole el biberón) David está creciendo mucho. Ahora ya puede gatear. Le encanta jugar con Angela y Vanessa. Todavía le encanta tomar el pecho y la leche de mamá, pero ahora también le gusta el biberón, sobre todo cuando Angela o Vanessa le ayudan a que se lo tome.

(Foto de once meses: David andando) David ha crecido tanto que ya está empezando a caminar y a lanzar la pelota. Puede tomar comida de verdad y su bebida favorita es el batido de chocolate. Le encanta tomar el pecho, la leche de mamá y también le gusta el biberón.

Sigue creando tu libro a medida que tu bebé crezca. No hagas el libro demasiado largo para que tu pequeño no pierda el interés, porque el final es, después de todo, el objetivo de este libro. Tú eres quien mejor le conoce y sabes cómo le gusta que sean los libros. La última parte del libro estará formada por los objetivos del sueño (o cómo destetarle) y la hora de acostarse, descritos muy clara y específicamente. Éste es nuestro final:

(Foto de su segundo cumpleaños) ¡Feliz cumpleaños, David! Ya eres todo un hombrecito. Sabes jugar, correr y comer helado, tirarte del tobogán y darle un paseo al perro. Los niños mayores como David toman un tentempié y se van a la cama, ya no necesitan la leche de mamá, sólo necesitan sus cariñitos. Mamá y David se hacen muchas caricias a la hora de acostarse y después se duermen durante toda la noche.

(Foto de dos años: David durmiendo) Mamá y David se hacen cariñitos por la mañana cuando sale el sol. Todo el mundo puede abrazar y hacer cariñitos a David por la mañana. Enhorabuena David: ya eres todo un jovencito.

(Fotos de toda la familia con David)

Léele este libro todas las noches. Puede que le guste tanto que quiera que se lo leas también por el día, no hay ningún problema. Háblale de lo que le has leído. Ayuda a tu pequeño a hacer las actividades que mencionas en el libro.

Después de hacerle este libro a David, lo leíamos y hablábamos sobre él y le encantaba. Después de varios meses leyéndolo y hablando sobre él, David dejó de mamar. El proceso fue sencillo y agradable y ambos nos sentimos contentos de ello.

Crea un póster de la hora de dormir

☆ *Esta idea puede servir para los padres de bebés mayores de veinte meses.*

La mayoría de los niños que ya caminan suelen ser predecibles y les gusta seguir una rutina. Prefieren que las cosas sucedan siempre de la misma forma, lo que puede resultar frustrante si tu horario no es compatible con la posibilidad de echar unas siestas regulares. Puede que estés empezando a completar las misiones del día y que tu hijo ya esté listo para acostarse solo y dé muestras de ello con un comportamiento inquieto y nervioso. Puedes aprovechar el hecho de que le gusten las rutinas a la hora de crear un ritual para irse a la cama.

Ya hemos hablado anteriormente sobre la importancia de la rutina de antes de acostarse para todos los bebés. Como tu pequeño ya es mayor, puedes implicarle más en el proceso. La mejor forma de hacerlo es crear un póster de la hora de acostarse; puedes hacerlo así:

- Consigue un trozo grande de papel para póster.

- Compra rotuladores o lápices de colores.

- Sigue las instrucciones para reunir fotos o dibujos del apartado anterior sobre cómo hacer un libro de la hora de acostarse.

- Utiliza los dibujos y los rotuladores para crear un póster colorido y divertido que ilustre claramente los pasos para irse a la cama.

- Cuelga el póster en la puerta de la habitación de tu hijo, a la altura de sus ojos.

- Haz que te ayude a seguir los pasos con el cartel todas las noches, preguntándole: ¿Qué viene ahora?

- Alábale por seguir los pasos («¡Bien hecho!»).

A continuación, puedes observar un ejemplo de un cartel de la hora de acostarse:

1. Ponerse el pijama.

2. Tomarse un tentempié.

3. Cepillarse los dientes.

4. Leer tres cuentos.

5. Beber un vaso de agua.

6. Hacer pis en el orinal.

7. Encender la lámpara de Winnie-the Pooh.

8. Besitos, abrazos y frotar la espalda.

9. Joey se va a dormir.

10. Mamá y papá se van a dormir.

Para muchos niños, el cartel por sí solo les proporciona una rutina y constancia que les relaja para irse a la cama todas las noches.

Si tu bebé se despierta por las noches llorando para que vayas a verle, puedes añadir al cartel el modo que prefieras para tratar este asunto. Por ejemplo:

- Cuando Jenna se despierta, va sigilosamente y sin hacer ruido al lugar para dormir en el cuarto de sus padres.

O éste otro:

- Cuando Lily se despierta por la noche en la oscuridad, hace pis en el orinal, bebe un vaso de agua y abraza su osito de peluche. Cuando Lily se despierta y hay luz fuera, puede meterse tranquilamente en la cama de papá y mamá.

Es una buena ocasión para que te pares a reflexionar sobre qué esperas de tu hijo y lo pongas en el papel. Después, ayúdale a seguir los pasos, incluso por la noche. «¿Te acuerdas del cartel de la hora de acostarse? Eso es lo que tienes que hacer ahora».

Si a tu pequeño le gusta levantarse después de la rutina para pedirte que le sirvas un vaso de agua, que le des un abrazo o cualquier otra cosa, puedes añadir este paso al cartel para intentar suprimir este proceso que te saca de quicio:

- Alexander llevará las tarjetas «Levantarse de la cama». Puede salir dos veces a hacer pis en el orinal, a beber agua o a darte besos y abrazos, pero cuando lo haya hecho será la hora de quedarse en la cama y dormirse.

Estas «tarjetas» son simplemente trozos de papel que creas con los contenidos de tu póster. Al final de la rutina, dale las tarjetas a tu pequeño. Cada vez que se levante de la cama, dale las tarjetas a tu hijo.

Cuando las crees, haz el mismo número de tarjetas que veces se levanta de la cama menos unas cuantas. Es decir, si normalmente se levanta cinco o seis veces, empieza con cuatro tarjetas. Una semana después, cámbialas por tres, luego por dos y finalmente por una. Incluso puedes darle una de las tarjetas sin usar por la mañana como recompensa.

Recuerda que siempre debes alabar a tu pequeño cuando siga correctamente la rutina.

Ten paciencia

 Esta idea puede servir para todo el mundo.

Un rasgo común que encontré entre todas las madres del estudio era una impaciencia increíble por obtener resultados. Es totalmente comprensible. Pero la paciencia, como dice el refrán, es la madre de la ciencia. Algunas madres no podían esperar diez días para ver el éxito de sus registros, así que con mucho tesón registraban los patrones de sueños día a día, con la esperanza de comprobar que los cambios se producían de un día para otro y se sentían decepcionadas si no era así.

Si intentas lograr una mejoría diaria, lo único que conseguirás (irónicamente) será mantenerte despierta durante toda la noche. Los registros tienen un plazo y unos condicionantes. Rellena uno aproximadamente cada diez días para ver los progresos, pero no hagas ninguno antes. De la misma forma, no te quedes mirando el reloj toda la noche. Lo único que tienes que hacer es seguir tu plan y muy pronto tu bebé y tú estaréis durmiendo durante toda la noche.

5

Crea tu propio plan de sueño

Para poder dar este paso, es necesario que hayas estudiado las ideas que aparecen en el capítulo 4 y que hayas decidido qué soluciones parecen ser razonables para tu familia. Una vez hecho esto, podrás organizar tu plan e iniciar el camino para conseguir dormir mejor. Aplica las soluciones que encontrarás en el apartado siguiente para resumir todas tus ideas en un mismo apartado.

Si tu hijo es recién nacido, comienza por el formulario «Plan de sueño para mi recién nacido»; si tu bebé tiene más de cuatro meses, comienza por el formulario «Plan de sueño para mi bebé (de 4 meses a 2 años)». Una vez que hayas creado un plan personal, puedes copiar las páginas y colocarlas en un lugar donde las puedas ver a menudo, como el frigorífico o el espejo del cuarto de baño. Te servirán como recordatorio de las soluciones que vas a aplicar. Durante el proceso, puedes consultar de nuevo el libro si necesitas recordar alguna idea o paso. Por lo tanto, ya puedes empezar. Utiliza los siguientes formularios para crear tu propio plan de sueño.

Plan de sueño para mi recién nacido

☐ Aprenderé más sobre los bebés y estaré más seguro de mis creencias.

● El/los libro(s) que buscaré y leeré son: _____

_____

_____

_____

_____

_____

☐ Mi bebé dormirá en su cuna, canasto o cama.

● Dormiré a mi pequeño en brazos sólo en momentos especiales.

☐ Le retiraré el pezón de la boca cuando esté adormecido (en lugar de esperar a que esté dormido) para que se acostumbre a dormir sin tener nada en la boca.

● Procuraré evitar la asociación de ideas succión-sueño.

☐ Aprenderé a distinguir los sonidos del sueño de los sonidos del despertar de los bebés.

● Dejaré que duerma.

☐ Diferenciaré los sueños nocturnos de las siestas diurnas.

● Procuraré que por la noche todo esté tranquilo, oscuro y silencioso.

☐ No dejaré que las siestas diurnas duren demasiado.

● Dejaré que mi bebé duerma la siesta como mucho durante: _____

- ☐ Vigilaré sus muestras de cansancio.

- ● Estaré atento cuando: se calme, pierda el interés, esté ensimismado, inquieto o bostece y le meteré en la cama en cuanto aprecie alguno de estos síntomas.

- ☐ Procuraré que su entorno sea acogedor y cómodo.

- ☐ Me pondré cómoda cuando lo alimente por las noches y aceptaré esta etapa de la vida de mi bebé.

- ☐ Le llenaré la barriguita antes de acostarle.

- ☐ Disfrutaré de las sesiones de alimentación tranquilas durante el día.

- ● Esto es lo que debería hacer: relajarme y disfrutar de mi recién nacido.

- ☐ Simplificaré mi vida.

- ● En estos momentos, mi prioridad es él.

- ☐ Crearé expectativas reales.

- ● El sueño de mi bebé alcanzará su madurez durante los próximos meses. Puedo tener paciencia hasta entonces.

Plan de sueño para mi bebé (de 4 meses a 2 años)

☐ Me prepararé.

● Mi bebé ya es lo suficientemente mayor para dormir toda la noche sin necesidad de mi atención. Está capacitado biológicamente para dormir durante toda la noche, de hecho muchos lo hacen. Será beneficioso para él y para mí. Tengo que comprometerme a poner todos los medios necesarios para que duerma mejor. No quiero que llore, por lo que estoy dispuesta a tener paciencia y hacer los cambios necesarios día a día.

☐ Prepararé a mi bebé.

● Está sano.

● Come bien durante el día.

● El lugar donde duerme es cómodo y acogedor.

☐ Seguiré una rutina para la hora de acostarse.

● Ésta es nuestra rutina todas las noches.

Hora aproximada	Actividad

☐ Le acostaré temprano.

● La nueva hora de acostarse de mi bebé es: _____

● Empezamos nuestra rutina de la hora de acostarse a las: _____

☐ Durante el día, seguiré una rutina flexible pero también predecible.

● Éste es un boceto general de nuestra rutina diaria (introduce la hora a la que se despierta, las siestas, horas de comer, horas de acostarse y cualquier aspecto que te ayude a organizarte cada día):

Hora aproximada	Actividad

☐ Me aseguraré de que duerma la siesta de forma regular.

● La hora de la siesta es:

● Estaré atento a sus muestras de cansancio: cuando disminuya su actividad, esté tranquilo, pierda del interés, se frote los ojos, observe ensimismado, se muestre inquieto y bostece. Le meteré en la cama en cuanto aprecie alguno de estos síntomas.

● Le estimulo para que se eche la siesta de esta forma: _____
_____

☐ Le ayudaré a que aprenda a dormir sin mi ayuda (idea uno):

● Durante el día le dejaré que juegue tranquilamente en su cama.

☐ Le ayudaré a que aprenda a dormir sin mi ayuda (idea dos):

● Le estimularé a que duerma la siesta en estos lugares y de estas formas: _____
_____

☐ Le ofreceré su juguete favorito.

● Le daré su juguete favorito cuando le acueste.

☐ Procuraré que diferencie el sueño nocturno de las siestas diurnas.

● Durante la noche, la casa estará tranquila, a oscuras y silenciosa.

☐ Crearé palabras clave como pistas para dormirse.

● Nuestras palabras clave son: _____

☐ Usaré música o sonidos para inducirle al sueño.

● Nuestros sonidos/músicas nocturnas son: _____
_____
_____

☐ Cambiaré su asociación de sueño.

● Utilizaré el «Plan Pantley» para dejar de darle el pecho tan a menudo como pueda.

- Otras cosas que haré: _____
  _____

☐ Le ayudaré a que se vuelva a dormir y seguiremos durmiendo juntos.

- No me precipitaré en responderle; esperaré a escuchar los «sonidos de despertar» verdaderos.

- Acortaré la duración de la rutina de ayuda nocturna (darle el pecho, mecerle, darle el biberón o el chupete).

- Utilizaré el plan para que deje el chupete tan a menudo como pueda.

- Me apartaré de él cuando se quede dormido.

- Intentaré utilizar las palabras clave, acariciarle o darle masajes para volver a dormirle.

☐ Le ayudaré a que se vuelva a dormir y le trasladaré a su propia cama.

- Éstas son las cosas que haré: _____
  _____

☐ Dispondré de un ayudante para auxiliarme durante la noche.

- Éstas son las cosas que haré: _____
  _____

- Cuando se despierte, mi ayudante le atenderá de las siguientes formas:
  _____
  _____

- Mi ayudante me traerá a mi bebé, si él o mi bebé están molestos y, a continuación, haré lo siguiente: _____
  _____
  _____

☐ Ayudaré a mi bebé a que se vuelva a dormir paso a paso.

● Éste es mi plan para acortar la duración y el tipo de rutina de ayuda nocturna:

Fase uno: _____

_____

Fase dos: _____

_____

Fase tres: _____

_____

Fase cuatro: _____

_____

Fase cinco: _____

_____

Fase seis: _____

_____

☐ Escribiré un cuento sobre las horas de acostarse y se lo leeré a mi bebé todas las noches antes de irse a la cama.

☐ Crearé un póster con las horas de acostarse que muestre nuestra rutina y lo seguiré todas las noches.

☐ Tendré paciencia y seré constante y pronto conseguiremos dormir.

● Podré dormir más si soy disciplinado, constante y paciente. Sólo necesito relajarme, seguir el plan y elaborar un registro cada diez días. Después de hacer cada registro, analizaré el éxito conseguido y revisaré mi plan. Muy pronto los dos podremos dormir.

6

Sigue tu plan durante diez días

Una vez creado tu plan de sueño personal, es el momento de iniciar oficialmente el proceso de ayudar a tu bebé a que duerma durante toda la noche. Dependiendo de lo disciplinado que seas a la hora de seguir tu plan, podrás obtener resultados antes o después. Te recomiendo encarecidamente que consideres el sueño de tu bebé como una prioridad de tu familia durante los próximos meses. Esto significará que debes evitar salir durante las horas de siesta programadas o durante tu rutina de antes de acostarse y la de la hora de acostarse.

Sé que puede significar todo un reto para vosotros. En nuestra familia, con otros tres hijos mayores, algunas veces parece que vivimos en la carretera; nos pasamos todo el tiempo en el coche de camino entre la escuela, las actividades extra-escolares, las actividades deportivas, las fiestas de cumpleaños y todo lo demás. Cuando trabajé en las rutinas de sueño de Coleton, intenté organizarme en función de sus horas de sueño todo lo que pude. Opté por el transporte escolar, le pedí a la abuela que me echase una mano e hice todo lo posible para que Coleton estuviese en casa para sus rutinas de siesta y horas de acostarse. Una vez que empezó a dormir durante diez o más horas por la noche y a echarse unas siestas regulares de dos horas, pude relajarme y ser un poco más flexible. Cuando su sueño empezó a ser constante, pudimos hacer que durmiera durante una o dos horas más.

Matthew, once meses, y Mike

Le acostábamos directamente nada más llegar a casa y así dormía hasta más tarde por la mañana. De esta forma, no te sentirás siempre atada a sus horas de sueño; cuanto más constante seas ahora, antes conseguirás que duerma mejor y durante más tiempo.

¿Qué ocurre si no puedes llevarlo a cabo de ninguna de las maneras?

Puede que estés muy motivada para seguir tu plan, pero puede que después tengas que interrumpirlo, entre otros motivos a causa de una enfermedad, por el periodo de vacaciones, porque tengas alguna visita, porque empiecen a salirle los dientes... Puede que en plena noche decidas desistir y pienses en dejarlo para la mañana siguiente. Esto puede ser muy frustrante cuando te sucede, pero créeme: notarás una mejoría, aunque sólo puedas seguir parte del plan o incluso si no puedes ser todo lo constante que desearías. Las más leves modificaciones en tus rutinas y tus hábitos pueden ayudarte a dormir mejor. Cuando las cosas se tranquilicen en tu casa, podrás centrarte en el plan de sueño y en conseguir que tu bebé duerma durante toda la noche.

El camino hacia el éxito se parece a un baile

La mayoría encontraréis que el camino hacia el éxito para dormir mejor no es directo aunque sigas tu plan perfectamente, sino que es más bien como un baile: dos pasos adelante, un paso atrás e incluso unos pasos laterales en el medio.

A mí me pasó con mi hijo Coleton. Una noche pudimos dormir estupendamente porque el bebé se durmió por sí solo y se quedó dormido durante siete horas. Estaba impresionada, era un escalón más hacia el éxito. Pero mi alegría duró poco tiempo.

La noche siguiente ni siquiera tenía la más mínima intención de quedarse dormido. Tomó el pecho casi constantemente y se mostró inquieto entre toma y toma; se despertó constantemente, lloriqueando «mamá, mamá» hasta que le volvía a dar el pecho. Pero me di cuenta de que a un grupo de las «madres del estudio» les sucedía lo mismo. A veces alguna me enviaba un correo en el que me comunicaba su alegría por el éxito logrado y unos días más tarde recibía un mensaje de la misma madre desesperada preguntándome: «¿Qué ocurre? ¡Ha estado toda la noche despierto!».

Realmente, ¿qué es lo que ocurre? Las variables pueden ser ilimitadas. Puede que el bebé esté enfermo, que tú estés enfermo, que le estén saliendo los dientes, que no haya dormido la siesta, que esté empezando a gatear, que le hayan puesto las vacunas, que hayas recibido alguna visita o que haya luna llena. Puede que consigas descubrir cuál ha sido el motivo, pero también puede que te rompas la cabeza intentando averiguarlo en balde. La siguiente noche puede ser la mejor de tu bebé, una prueba más de que los bebés son cualquier cosa menos predecibles.

Las buenas noticias son que cuando sigas mi plan de sueño, esta «danza» te llevará hasta donde quieras llegar. Por este motivo es tan importante seguir mi recomendación de realizar los registros cada diez días. Si tienes una prueba visible de que has logrado un cierto éxito a lo largo de este periodo de diez días, podrás soportar mejor los días de retroceso.

Puede que transcurran veinte, treinta o incluso sesenta días antes de que logres conseguir lo que podemos llamar una buena noche de sueño, pero en este contexto los meses pasarán en un abrir y cerrar de ojos. Otro de los regalos que me han dado mis cuatro hijos es tener visión de futuro. Sé lo rápido que pasa la infancia, tengo una hija de catorce años. Estoy segura de que tú también te darás cuenta de lo rápido que transcurre todo. Parece que fue ayer cuando sostenía a mi pequeña Angela entre mis brazos y hoy tengo ante mí a una preciosa jovencita con uniforme de secundaria que me pide que le preste la ropa y los pendientes y que tiene sus propias opiniones y un gran sentido de la independencia. ¿Mencioné que también dormía durante toda la noche?

Así que, ya ves. Te deseo buena suerte en tu plan de sueño y (muy pronto) felices sueños.

7

Haz un registro cada diez días

Una vez que hayas seguido tu plan de sueño personal durante al menos diez días, es hora de que hagas otro grupo de registros de sueño, analices los resultados conseguidos y lleves a cabo los cambios que creas necesarios. De hecho, debes hacerlo cada diez días (capítulos 9 y 10) hasta que logres los resultados de sueño deseados.

Diez no es un número mágico; puedes elegir el intervalo que mejor te convenga. Sin embargo, te sugiero que esperes *al menos* diez días entre cada registro, para que tu bebé y tú tengáis el tiempo suficiente de adaptaros a los cambios de rutina. Si realizas los registros con demasiada frecuencia, es probable que te sientas frustrada porque no consigues resultados inmediatos que respondan a tu deseo de dormir; no debes pretender lograr el éxito demasiado rápido (como cuando estás a dieta y te pesas todos los días).

Cuando uses los siguientes formularios para crear tus registros, asegúrate de leer las instrucciones y de contestar a todas las preguntas. Lee la información que aparece en los apartados siguientes a cada registro y en el próximo capítulo; te ayudará a analizar los registros.

Felices sueños

Registros de siestas de diez días

Nombre del bebé: _____

Edad: _____

Fecha: _____

¿Durante cuántos días has seguido tu plan? _____

Hora a la que se queda dormido	Cómo se duerme	Dónde se queda dormido	Dónde duerme	Durante cuánto tiempo

1. Revisa la tabla 2.1 o copia la información de tu primer registro:

    ¿Cuántas siestas debería echarse tu bebé? _____

    ¿Cuántas siestas se echa ahora? _____

    ¿Cuántas horas debería dormir la siesta? _____

    ¿Cuántas horas duerme la siesta? _____

2. ¿Sigues una rutina de siesta formal? _____

3. ¿Estás pendiente de sus muestras de sueño para acostarle tan pronto como notes que está cansado? _____

4. ¿Son constantes las horas y duración de las siestas todos los días? _____

Registros de rutinas antes de acostarse de diez días

Nombre del bebé: _____

Edad: _____

Fecha: _____

¿Durante cuántos días has seguido tu plan?_____

Clave:

Actividad: activo, moderado, tranquilo

Ruido: alto, moderado, bajo

Luminosidad: alta, media, baja

Hora	Qué hicimos	Nivel de actividad	Nivel de ruido	Nivel de luminosidad

1. En los últimos diez días, ¿cuántos días seguiste tu rutina formal de la hora de acostarse? _____

2. Por lo general, ¿la hora antes de acostarle es tranquilla, calmada y a media luz? ___

3. ¿Ayuda tu rutina de antes de acostarse a preparar a tu bebé para dormirse? _____

4. ¿Es constante la rutina nocturna y le sirve a tu bebé como pista para saber que es la hora de acostarse? _____

5. ¿Te relajas y disfrutas de la rutina de antes de acostarse? _____

Registro de despertares nocturnos de diez días

Nombre del bebé: _____

Edad: _____

Fecha: _____

¿Durante cuántos días has seguido tu plan? _____

Hora	Cómo me despertó mi bebé	Cuánto tiempo estuvo despierto y qué hicimos	Hora a la que el bebé se volvió a dormir	Cómo se volvió a dormir	Cuánto tiempo duró el intervalo de sueño desde que se durmió

Tiempo que ha estado dormido: _____

Tiempo que ha estado despierto: _____

Número total de despertares: _____

Intervalo de sueño más largo: _____

Número total de horas de sueño: _____

8

Analiza tu éxito

Es hora de pensar sobre lo sucedido desde que empezaste a aplicar tu plan de sueño. También es hora de evaluar el plan y hacer cualquier cambio que creas necesario para ayudar a tu bebé a dormir mejor. Como no podemos sentarnos juntas a tomar un café y hablar sobre tu bebe (estaría muy bien, ¿verdad?), he escrito este capítulo para que puedas averiguar qué partes funcionan y cuáles debes cambiar. Empieza por utilizar la información de los registros que aparece en el capítulo 7 para completar el gráfico comparativo que se incluye a continuación. Completa las horas en ambos registros y el cambio producido:

	Primer registro	Diez días	Cambio
Número de siestas			
Duración de las siestas			
Hora de acostarse: tiempo dormido			
Hora de despertarse			
Número de despertares			
Intervalo de sueño más largo			
Número total de horas de sueño			

Tómate unos minutos para contestar a las siguientes preguntas que te ayudarán a analizar tus esfuerzos. Si puedes, habla con tu esposo, pareja u otra madre que también esté trabajando en su plan de sueño. Incluso puedes ponerte en contacto con otras madres y crear un grupo de ayuda, ya sea en persona, por correo electrónico o mediante anuncios en una revista. El apoyo de otros padres que están pasando por la misma situación que tú en estos momentos te puede ser muy útil.

Evalúa tu plan de sueño

Durante los últimos diez días, ¿cómo seguiste tu plan?:

☐ Seguí rigurosamente todas las partes de mi plan durante diez días.

☐ Seguí algunas partes de mi plan, pero no todas.

☐ Empecé muy bien, pero retrocedí y volví a las viejas costumbres.

☐ ¿Plan? ¿Qué plan? Será mejor que empecemos por el primer paso.

¿Has apreciado cambios positivos al menos en un aspecto (por ejemplo, que duerma quince minutos más de siesta o que haya aumentado el intervalo de sueño, que se acueste más temprano o que se despierte menos veces por las noches)? _____

¿Qué áreas muestran un cambio más significativo? _____

¿Por qué crees que ha sucedido? (¿Qué has hecho para influir en esto?).
_____
_____
_____
_____

¿Qué áreas muestran el cambio menos significativo? _____

¿Por qué crees que ha sucedido? (¿Qué has hecho para influir en esto?).___

_____

_____

¿Qué has aprendido sobre sus hábitos de sueño en los últimos diez días?

_____

_____

_____

_____

_____

_____

¿Qué partes de tu plan parecen ser las que más influyan en su sueño?_____

_____

_____

_____

¿Qué cambios crees que necesitas hacer ahora? _____

_____

_____

_____

¿Cómo vas a hacer estos cambios? _____

_____

_____

_____

Las siguientes secciones se dividen en tres partes. Busca la que coincida con el nivel de éxito que hayas logrado y lee toda la información. Puedes leer las demás secciones para tomar algunas ideas y analizar otros puntos de vista. Elige una de las siguientes opciones.

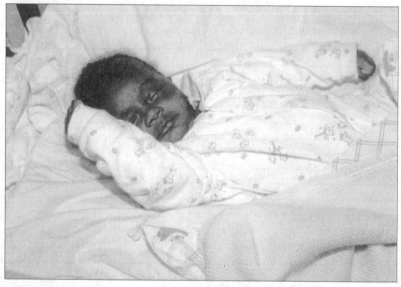

Reuel, un mes

Si tu bebé duerme durante toda la noche (cinco horas consecutivas o más)

Enhorabuena. Estoy realmente impresionada de que hayas conseguido dormirlo tan pronto. Me imagino que te sentirás muy feliz y con más energía aunque sólo hayan pasado varios días desde que tu hijo empezó a dormir más. Es increíble el impacto que puede causar en tu vida el hecho de dormir un poco, ¿verdad?

Ahora que has alcanzado un cierto éxito, tenemos que centrarnos en varios puntos. Esto es sólo el principio. Una vez que tu bebé empieza a dormir durante dos horas seguidas o más, probablemente comprobarás que el intervalo aumenta poco a poco cada noche. Puedes contribuir a ello si continúas con tu plan.

Es importante que te ciñas a tu plan porque el patrón de sueño de tu bebé acaba de cambiar. Si vuelves a emplear los métodos anteriores, es probable que tu bebé también lo haga, lo que sería frustrante después de todo el trabajo realizado hasta el momento. Sigue aplicando tu plan por un tiempo (al menos durante varias semanas) para asegurarte de que tu hijo «ha asimilado» los cambios. Recuerda que el patrón de sueño de los bebés cambia. No te desanimes si tienes problemas de sueño una noche o incluso durante una semana; a tu pequeño le pueden afectar muchos aspectos, desde que le salgan los dientes, que se sienta mareado, los periodos de vacaciones, las visitas, las vacunas o simplemente los trastornos en tu rutina diaria. Sigue tu plan de forma constante y podrás comprobar que en los próximos meses su sueño se estabiliza en un patrón muy cómodo y cada vez le afectarán menos los trastornos diarios.

Aunque tu hijo duerma durante intervalos más largos, puede que te sigas despertando continuamente por las noches. Sería el colmo de la desdicha. Si éste es tu caso, encontrarás muchas ideas en el capítulo 11.

Si le das el pecho, puede que esta repentina disminución de los despertares nocturnos haga que te sientas incómoda porque tienes los senos llenos de leche. Puedes encontrar algunas soluciones en el capítulo 11.

Date por satisfecho y dale un fuerte abrazo a tu bebé; lo has logrado.

Si has apreciado alguna mejoría

Enhorabuena. Aunque no duerma durante toda la noche, estoy segura de que su sueño ha mejorado bastante y también el tuyo. Tómate unos minutos para reflexionar sobre lo que ha sucedido desde que empezaste a aplicar tu plan de sueño. Averigua cuáles son las ideas que te dan mejor resultado y continúa utilizándolas. Si alguna no funciona, modifícala o deja de utilizarla. Una vez que lo hagas, continúa aplicando el plan revisado durante diez días, haz otro registro y analízalo.

Lee la siguiente sección para averiguar si aún queda algún asunto pendiente que te impida lograr el éxito de forma más rápida.

Si no has apreciado ningún cambio positivo

Me gustaría poder darte un abrazo; sé que debes estar bastante frustrado, pero anímate. Un gran número de las «madres del estudio» no apreciaban ningún éxito al principio, pero una vez que evaluaron lo ocurrido, revisaron las ideas e hicieron algunos cambios, empezaron a apreciar una mejoría significativa. Intentaré ayudarte a averiguar los motivos por los que tu plan no funciona. Vamos a empezar por considerar algunos de los posibles motivos que te impiden lograr el éxito.

¿Has seguido los pasos?

Este libro está organizado de una manera muy simple y presenta el enfoque paso a paso de manera clara y bien ordenada. Puede que hayas pasado por alto parte de la información importante debido a tu desesperación por conciliar el sueño. Por ejemplo, en el capítulo 2 se explica cómo duerme tu bebé. Sin esta información, no podrás entender la lógica de las ideas. Puede que hayas realizado algunos cambios personalizados y sin darte cuenta hayas dejado a un lado el propósito de la sugerencia. Te sugiero que vuelvas a leer los dos primeros apartados de este libro y que empieces de nuevo. No te desanimes. Muchos han tenido que volver a empezar con su plan y después han logrado un éxito increíble; seguro que a ti te pasará lo mismo.

Si te das cuenta de que te has saltado algunos pasos, vuelve al principio y retoma los pasos incompletos. Perfecciona tu plan y lograremos que tu bebé duerma.

¿Has elegido el plan correcto?

Puede que hayas elegido los pasos erróneos en tu plan. Vuelve a leer el capítulo 2 y analiza si has elegido las ideas más idóneas para ti y para tu bebé. Cuando hayas decidido el plan que vas a seguir, vuelve a plantearte tu objetivo.

Hasta ahora, has estado sufriendo los trastornos del sueño sin entenderlos. Ahora que piensas de otra manera sobre el sueño de tu bebé, podrás ver claramente qué es lo que no le permite dormir. Después de identificar estos aspectos, podrás aplicar un plan de sueño exitoso.

¿Eres paciente?

Sé que estás cansado, que quieres dormir ya, esta misma noche.

Respira hondo, puedes hacerlo. No durará para siempre. Si te concentras en lo que va mal, en lugar de en lo que va bien, te sentirás muy desgraciada, como le ocurrió a esta «madre del estudio»:

Testimonios de madres

«Es increíble (y desesperante) la constancia de su patrón de despertares: se despierta cada hora y tres cuartos. Creo que el proceso de sueño es más frustrante ahora que estoy intentando arreglarlo. Fue más fácil cuando me rendí y decidí aceptar los constantes despertares nocturnos».

Kelly, madre de Savannah, 18 meses

Puede que hayas oído hablar de los increíbles resultados que alguien consiguió con un programa sin llantos de dos días y esperas ver los mismos resultados con tu bebé, por supuesto sin llantos. Si embargo ya han pasado diez días sin apenas conseguir ninguna mejoría. Puede que te parezca que las cosas van peor que antes.

Como recordarás, en la primera parte que leíste de este libro (la «Introducción») te prometí que conseguiría que tu hijo durmiese durante toda la noche, pero no te prometí que se fuese a producir un milagro de la noche a la mañana. Además, es probable que tus problemas de sueño sean más frustrantes ahora que estás intentando resolverlos. Hasta este momento, era más fácil ir improvisando sin ser consciente de la frecuencia de los despertares nocturnos o de cómo afectaban negativamente a tu vida. Ahora que intentas conseguir que tu hijo duerma más, te centrarás en este aspecto de tu vida y por ello serás más consciente de la falta de sueño que padeces.

Estoy segura de que tu bebé no es muy distinto del resto de los bebés que han logrado el éxito con este método. Tómate un rato para pensar, revisar tus ideas y analizar tu plan de sueño. Me apuesto cualquier cosa a que dentro de diez días estarás más cerca de conseguir los resultados que deseas.

¿Te has comprometido totalmente con el plan?

En algunas ocasiones, los padres empiezan el plan con la esperanza de que se produzca un milagro. Revisan las ideas del sueño, eligen una o dos que parecen ser fáciles o rápidas y después de diez días descubren que no han logrado ningún cambio en el patrón de sueño de su bebé. Hasta que no se comprometan de verdad, no lograrán apreciar ningún éxito. Sólo tú puedes decidir si has creado un plan a conciencia, te has esforzado y lo has seguido fielmente.

Testimonios de madres

«Me di cuenta de que estábamos siguiendo el plan parcialmente. Supongo que esperábamos que las cosas cambiaran por arte de magia. Mi esposo y yo hemos estado hablando y hemos decidido que ya no habrá más improvisaciones casuales. Nos vamos a poner serios».

Neela, madre de Abhishek, 18 meses

¿Has logrado el éxito sin darte cuenta?

Puede que estés obsesionado por conseguir que tu hijo duerma durante ocho maravillosas horas seguidas y por ello no seas capaz de apreciar que cada vez duerme más. Puede que las últimas dos noches se haya despertado con frecuencia y estés decepcionada. Pero ten paciencia. Si ha dormido más horas en total, el número de despertares no son malas noticias. En otras palabras, el hecho de que se despierte seis veces en un intervalo de diez horas es toda una mejoría si lo comparas con que se despierte cinco veces en un intervalo de ocho. O quizás se vaya a la cama una hora antes, o sólo tardes veinte minutos en dormirle en lugar de una hora, o que cada vez que se despierta sólo está despierto unos minutos, mucho menos que antes. Échale otro vistazo a los registros y compáralos. ¿Estás logrando un cierto éxito y no te habías dado cuenta?

Testimonios de madres

«Varias veces te envié mis registros con la sensación de haber fracasado totalmente y me contestaste felicitándome por mi éxito. Tus comentarios me sirvieron para examinar mis registros con más atención y me di cuenta de que realmente estábamos mejorando».

Christine, madre de Emily, 18 meses

¿Has sufrido contratiempos o situaciones anormales?

Si has tenido que luchar contra los trastornos que alteran tu rutina diaria, como que le salgan sus primeros dientes, que esté enfermo o que estéis de vacaciones, observarás que el progreso es más lento que si ninguno de estos aspectos hubiera interferido en las horas de sueño.

Testimonios de madres

«Cuando empecé a aplicar mi plan todo iba fenomenal, pero parece que cuando creo que las cosas van bien, todo se vuelve en contra. Primero las vacaciones, después se resfrió y ahora le están saliendo los dientes y se despierta cada dos o tres horas. Creo que además, en medio de este proceso, también ha dado un estirón de crecimiento. Esta mañana le dije que le iba a vender a los vecinos y nos echamos a reír».

Susan, madre de Luke, 10 meses

Así es la vida de los padres. Si te aburrías antes de que tu pequeño viniese al mundo, a partir de ahora no volverás a utilizar esa palabra en tu vocabulario. Los contratiempos son inevitables a lo largo de un plan de sueño. Sigue avanzando; a pesar de las interrupciones progresarás y cuando las cosas se calmen, probablemente verás que el éxito está a la vuelta de la esquina.

La clave está en la disciplina y la constancia. Haz todo lo que puedas para seguir tu plan a pesar de los contratiempos. Incluso si no logras llevar a cabo todos los pasos, se producirán cambios positivos gracias a los etapas que consigas completar.

Normalmente, cuando la situación se calma, también lo hace el patrón de sueño de tu bebé. Éstas son las palabras de la misma madre de antes, unas semanas después:

Testimonios de madres

«Por fin le salieron los dientes, cesó su congestión y se empezó a sentir mucho mejor. El registro de la noche pasada ya ha vuelto a la normalidad. Ha sido la primera vez que Luke duerme más de seis horas seguidas desde hace tres semanas. No te puedes imaginar lo contenta que estoy. Me imagino que los vecinos no lo hubieran querido comprar después de todo».

Susan, madre de Luke, 10 meses

¿Hay algún problema médico o de desarrollo que interfiera en el sueño de tu hijo?

Además de los hábitos y rutinas que afectan a su sueño, seguramente existen otros motivos que afectan a tu hijo. Puede que no seas consciente de algún problema médico o de desarrollo que le impida dormir bien. Siempre es aconsejable que hables con tu médico si tienes cualquier preocupación sobre su salud. Éstos son algunos de los problemas más comunes que pueden mantener despierto a tu bebé.

Salirle los dientes

El proceso de salirle los dientes es un motivo muy común por el que los bebés tienen problemas para conciliar el sueño y permanecer dormidos. Piensa un poco sobre la última vez que tuviste un dolor de muelas, de cabeza, de garganta o tortícolis; este tipo de molestias pueden afectarte a la hora de conciliar el sueño. Los bebés no pueden decirnos qué les pasa, lo único que pueden hacer es llorar o mostrarse inquietos. En muchas ocasiones, este comportamiento empieza mucho antes de que te des cuenta de que le está saliendo un diente, por lo que es difícil saber que ésta es la causa de su malestar.

Síntomas de salirle los dientes

El proceso de salirle los dientes puede iniciarse a los tres meses de edad. Éstos son los síntomas que normalmente acompañan a este proceso:

- Dificultad para conciliar el sueño o permanecer dormido.
- Nerviosismo.
- Babas.
- Mucosidad.
- Sarpullido en la barbilla o alrededor de la boca.
- Rabietas.
- Carrillos enrojecidos.
- Rechazo a tomar el biberón o el pecho.
- Aumento de la necesidad de succionar.
- Encías inflamadas o descoloridas.

Algunos padres dicen que unas décimas de fiebre, diarrea, vómitos o una erupción en el culito pueden ser síntomas de que le están saliendo los dientes, pero como estos síntomas también pueden deberse a algún virus o infección, siempre debes consultar a tu médico.

Cómo ayudarle a que duerma mejor

Si sospechas que le pueden estar saliendo los dientes, sigue estas instrucciones para aliviar su malestar para que pueda relajarse y dormir:

- Dale un trapo limpio y fresco que pueda morder.

- Dale un mordedor que se encuentre a temperatura ambiente o fresco en el frigorífico (pero no congelado).

- Sécale la barbilla suavemente con mucha frecuencia.

- Ofrécele un sorbito de agua.

- Frótale las encías con el dedo mojado y limpio.

- Utiliza un cepillo de dientes especial para bebés para limpiarle las encías.

- Úntale una pomada de jalea o un bálsamo en la barbilla sobre la zona afectada por la baba.

- Dale el pecho a menudo para calmarle y alimentarle.

Las pomadas para aliviar las molestias derivadas de los dientes que se encuentran en el mercado pueden ser muy fuertes (ponte un poquito en los labios y notarás la sensación de hormigueo). Utilízalas con moderación y siempre con el consentimiento de tu médico.

Ansiedad por la separación

A medida que vaya creciendo, empezará a ser consciente de su «separación» de ti. Vive en el presente y tiene un sentido del tiempo y una memoria muy limitados. Cada vez que lo dejes, se preguntará dónde has ido y se preocupará porque creerá que no volverás. A esto se le llama ansiedad por la separación. Según el Dr. Avi Sadeh en *Sleeping Like a Baby* (Yale University Press, 2001):

> La ansiedad por la separación es una de las principales causas de los trastornos del sueño en la primera infancia.
>
> El aumento de la frecuencia de los trastornos del sueño durante el primer año de vida puede estar relacionado con la aparición de dicha ansiedad, un proceso normal durante esta etapa.
>
> Los cambios como la vuelta al trabajo de la madre cuando termina su baja por maternidad, la presencia de un nuevo cuidador o cualquier otro cambio que implique separación y una nueva adaptación, normalmente va seguido de un trastorno de sueño.

El Dr. Sadeh menciona que incluso una separación temporal, como cuando la madre acude a un hospital para dar a luz a un nuevo hijo o pasa la noche fuera de casa por algún acontecimiento extraordinario, puede tener un fuerte impacto sobre los patrones de sueño del bebé.

Su investigación ha probado que después de una separación, los bebés se despiertan más a menudo, lloran más y pasan menos tiempo dormidos.

Muchos padres creen que cuando sus bebés empiezan a gatear o a caminar, aumenta su ansiedad por la separación. Esto se debe a que el niño aprende que se puede separar de ti y tú de él.

Evitar la ansiedad por la separación

Cuando tu hijo sufra ansiedad por la separación hazle saber que tú, o alguien que le cuidará, estará siempre cerca de él. Éstos son algunos modos de transmitirle este mensaje a tu pequeño:

- Está más tiempo con él durante el día, dándole más abrazos y arrumacos.

- Sigue una rutina tranquila y constante durante la hora de antes de acostarle.

- Ponle una foto de papá y mamá cerca de su cama.

- Si se despierta, no te escabullas cuando no te esté mirando; dile siempre adiós o buenas noches cuando te vayas.

- Muéstrale seguridad y confianza cuando le dejes, en lugar de miedo e inseguridad. Responde rápidamente a sus llamadas, incluso aunque sólo sea para decirle «Estoy aquí y todo va bien».

- Ayúdale a que sienta apego por un juguete favorito (consulta el apartado «Introduce un juguete favorito» en el capítulo 4) para que tenga algo que abrazar mientras no estás con él.

- Por el día, aléjate de vez en cuando de él, cantando o silbando, para que sepa que aunque no te vea estás cerca.

Desarrollo y crecimiento del bebé

Normalmente, los bebés que aprenden una nueva técnica relacionada con su desarrollo se despiertan por las noches con una necesidad repentina de practicarla. Se trata de un trastorno del sueño de corta duración y tiende a desaparecer tan pronto como se domine la nueva técnica.

De la misma forma, puede que empiecen a comer más, a dormir menos y a crecer hasta tal punto que la ropa les queda pequeña nada más estrenarla. Se trata de estirones de crecimiento que tienen lugar durante el día y la noche.

Testimonios de madres

«Me di cuenta de que los días en que mis hijos aprendían a hacer algo nuevo, como gatear o mantenerse de pie, dormían inquietos. Si se despertaban por la noche querían practicar el nuevo truco que habían aprendido. Si no hubiese estado tan cansada, habría disfrutado más al verles gatear o ponerse de pie nada más despertarse. Después de un rato, parecían acostumbrarse a sus nuevas habilidades y después dormían mejor».

Alice, madre de los mellizos Rebecca y Thomas, 6 meses

La clave para acabar con estos despertares nocturnos es ayudarle a que se vuelva a acostar y se calme en el menor tiempo y con el menor jaleo posible. Muchas veces, el simple hecho de decirle las palabras clave o acariciarle la espalda le ayudará ya que, en realidad, no está completamente despierto.

Testimonios de madres

«Nunca se me ocurrió que las nuevas habilidades de Kyra le pudiesen impedir descansar por las noches. Todas las mañanas en las últimas dos semanas me la encontraba de pie en su cuna. Ahora que lo dices, es cierto que ha estado intentando ponerse de pie durante el día en estos últimos días».

Leesa, madre de Kyra, 9 meses

Enfermedades y malestar general: resfriados, fiebres, catarros, congestiones e inmunizaciones

Al igual que les sucede a los adultos, los bebés que no se sientan bien no podrán dormir bien. Sin embargo, a diferencia de los adultos, los bebés no saben por qué se encuentran mal ni qué deben hacer para sentirse mejor. Si tu hijo no se encuentra bien, haz lo que puedas para que se sienta mejor. Vuelve a aplicar tu plan de sueño durante unos días y da marcha atrás si es necesario.

Éstas son algunas de las sugerencias que le pueden ayudar a sentirse mejor:

- **Déjale descansar.** Aplaza las salidas para hacer recados, visitas o cualquier otra actividad que le impida calmarse. Esto le ayudará a tranquilizarse y a sentirse mejor.

- **Dale mucho líquido.** Sea cual sea la enfermedad que padezca, se sentirá mejor si está bien hidratado. Si le das el pecho, hazlo a menudo. Si aún toma el pecho o biberones, dale mucha leche, zumo y agua. A los bebés mayores les puedes dar también sopas, polos y helados.

- **Límpiale la nariz para que pueda respirar con facilidad.** Échale un spray nasal salino (pregunta a tu farmacéutico) y después utiliza un aspirador nasal que sea específico para bebés.

- **Mímale y hazle arrumacos**. Puede que tengas que aplazarlo todo por unos días. Cuanto más hábil sea, más nervioso se pondrá.

- **Mantén el ambiente fresco**. Utiliza un humidificador o un vaporizador con agua limpia destilada durante las horas de sueño.

- **Estimúlalo para que duerma lo máximo posible**. Haz lo necesario para ayudarle a dormir bien durante las siestas y por la noche.

- **Consulta a tu médico si está enfermo**. En la consulta de tu pediatra siempre te pueden dar algún consejo sobre cómo tratar su enfermedad.

Gases y cólicos

Todos los bebés tienen gases, pero a algunos les cuesta más expulsarlos que a otros. Puede que trague aire mientras come o llora, lo que le hará sentirse mal o incluso le provocará dolores de estómago.

Puede que hayas oído hablar del término «cólico» en el caso de los bebés que lloran mucho. No todos los bebés que lloran sufren cólicos, pero todos los bebés con cólicos lloran. Aunque los investigadores aún no están seguros de su origen, la mayoría piensan que están relacionados con la inmadurez de su sistema digestivo. Algunos opinan que esta inmadurez y la incapacidad que sienten para poder responder a todos los estímulos sensoriales que les rodean son la causa de que no puedan dormir al final del día. Cualquiera que sea el motivo, es uno de los problemas más desesperantes que sufren los padres. Los síntomas son los siguientes:

- Un periodo regular de llanto sin consuelo, normalmente a última hora del día.

- Llantos que duran de una a tres horas o más.

- Edad entre las dos semanas y los cuatro meses.

- El bebé se encuentra sano y feliz el resto del día.

No es culpa tuya

Como estos cólicos se producen cuando el bebé es muy pequeño, muchos padres sienten que están haciendo algo mal. La vulnerabilidad de sus hijos y su falta de experiencia les hace cuestionarse su capacidad para cuidar a sus bebés. Si no te gusta dejar llorar a tu bebé, esta situación es especialmente dolorosa, como lo fue para mí cuando me ocurrió.

Aunque traté a todos mis hijos de la misma forma, sólo uno de ellos sufrió cólicos. Fue una experiencia terrible, pero este proceso me sirvió para aprender mucho sobre mi bebé y sobre mí misma. Ten en cuenta mi propia experiencia y las investigaciones realizadas con otros padres para calmarte y ser consciente de que no es culpa tuya. Todos los bebés pueden tener cólicos, pero suelen desaparecer antes de los tres o cuatro meses y esta experiencia será un leve recuerdo en tu memoria.

Ayúdale mientras sufre el cólico

No hay un tratamiento sencillo y efectivo contra los cólicos. Con su experiencia, otros padres y profesionales te pueden ofrecer algunas sugerencias para ayudar a tu bebé en estos momentos tan dolorosos. Prueba con los métodos que aparecen en la lista que se muestra a continuación hasta que encuentres los que más te convengan. Ten en cuenta que no hay ninguna fórmula mágica que los cure completamente y que esto no se le pasará hasta que su sistema digestivo haya madurado. Hasta entonces, haz lo que puedas para tranquilizarle y tranquilizarte tú también.

- Si le das el pecho, hazlo tan a menudo como el bebé lo necesite para estar tranquilo.

- Si le das el pecho, evita ingerir alimentos que puedan causarle gases, como los productos lácteos, cafeína, col, brócoli y otras verduras que produzcan gases.

- Si le das el biberón, dale cantidades pequeñas muy a menudo y prueba con distintas fórmulas.

- Si le das el biberón, prueba con distintos tipos de biberones y tetillas que eviten que trague aire mientras bebe.

- Mantenle en una posición erguida mientras come y después de comer.

- Dale de comer tranquilamente.

- Si le gusta el chupete, deja que lo use.

- Procura que eructe más a menudo.

- Mientras le está dando el cólico, acúnalo en una mecedora o en un carrito.

- Dale un paseo por la casa en el cochecito.

- Dale un baño caliente.

- Colócale una toallita caliente en la barriguita (con cuidado de que la temperatura no sea demasiado alta).

- Sujétale en posición encogida, con las piernas hacia arriba.

- Dale un masaje en la barriguita.

- Envuélvelo en una mantita caliente y dale un paseo en su cochecito.

- Colócalo con la barriguita sobre tu regazo y dale un masaje en la espalda.

- Sujétalo en brazos en una mecedora o colócalo en un balancín.

- Camina con él en brazos en una habitación tranquila y oscura.

- Túmbate y colócalo boca abajo encima de ti y dale un masaje en la espalda. Llévalo a su cuna cuando se duerma.

- Dale una vuelta en el coche.

- Pon música suave o algún ruido de fondo.

- Consulta a tu médico sobre los medicamentos especiales para gases y cólicos que estén disponibles.

Sugerencias para padres con bebés que sufren cólicos

Sigue estas sugerencias para soportar el estrés que provoca tener un bebé que sufre cólicos. Recuerda que si te cuidas y simplificas tu vida, podrás ayudar a tu bebé durante los periodos en los que se encuentre mal.

- Planifica las salidas en las horas del día en que se encuentre bien.

- Sé consciente de que llorará cuando tenga un cólico y que, por mucho que hagas por calmarlo, no habrá nada que le ayude a ponerse bien por completo y que le haga dejar de llorar.

- Aprovecha cualquier ayuda que te ofrezcan, aunque sólo sea para poder darte una ducha o un baño.

- Ten en cuenta que esto es temporal y que pasará.

- Prueba con distintos tipos de métodos hasta que descubras el que funciona mejor.

- Procura no tener una larga lista de tareas; haz sólo lo más importante.

- Habla con otros padres cuyos bebés sufren cólicos para que te den ideas y os ayudéis mutuamente.

- Si los llantos te afectan de tal forma que te enojas o te pones nerviosa, ponlo en su cuna o pídele a alguien que lo sostenga un rato para evitar que le hagas daño de forma accidental.

- Ten en cuenta que los cólicos no duran mucho tiempo.

¿Cuándo deberías llamar al médico?

En el momento en que te encuentres preocupada por tu bebé, llama al médico. Llama a tu médico inmediatamente si notas cualquiera de los siguientes síntomas:

- El llanto está acompañado de vómitos.

- No gana peso.

- Sufre cólicos desde hace más de cuatro meses.

- El bebé parece estar sufriendo.

- No quiere que le tomes en brazos ni que le entretengas.

- Las salidas de casa no tienen que estar estrictamente establecidas.

- No hay movimientos regulares del intestino y los pañales no están mojados.

- Observas otros problemas que no están incluidos en esta lista de síntomas.

Infecciones de oído

Si tu bebé se muestra muy inquieto, se despierta más de lo normal y llora como si le doliese algo o se tira de las orejas, puede que tenga una infección de oídos.

Estas infecciones son muy habituales ya que los conductos de los oídos de los niños son cortos, anchos y horizontales, lo que les permite un fácil acceso a las bacterias que proceden de la nariz o de la garganta. A medida que van creciendo y los conductos van madurando, no serán tan propensos a sufrir este tipo de infecciones.

Mientras tanto, una infección de oídos mal curada les impedirá dormir bien.

Causas y síntomas de las infecciones de oídos

Las infecciones de oído se producen cuando las bacterias y los fluidos se desarrollan en el interior del oído, a menudo después de un resfriado, una infección de los senos nasales, sinusitis u otra enfermedad respiratoria. Los fluidos quedan atrapados en el oído causando un dolor ensordecedor. Las infecciones de oído no son contagiosas aunque lo sean las enfermedades que normalmente les preceden.

Tu bebé puede mostrar todos, algunos o incluso ninguno de estos síntomas. Es importante que consultes a tu médico si sospechas que tu hijo puede tener una infección de oídos. El mero presentimiento de que algo no va bien es suficiente para llamar a tu médico. Guíate por tu instinto.

Éstos son los posibles síntomas de una infección de oídos:

- Un cambio repentino de humor: nervios, llantos.

- Un aumento de los despertares nocturnos (lo que faltaba, ¿verdad?).

- Se despierta y llora como si le doliese algo.

- Fiebre.

- Diarrea.

- Disminución del apetito o dificultad al tragar (el bebé se aparta del pecho o del biberón y llora como si tuviese hambre).

- Mucosidad nasal que continúa después de un resfriado.

- Le lloran los ojos.

- Nerviosismo cuando está tumbado que desaparece cuando le mantienes erguido.

Los siguientes síntomas casi siempre indican que existe infección de oídos:

- Se tira de las orejas no como si estuviese jugando sino mostrando incomodidad.

- Fluido verde, amarillo o blanco que le sale de los oídos.

- Un olor desagradable que sale de los oídos.

- Dificultad para dormir.

Qué hacer en caso de que tenga una infección de oídos

Si tu bebé muestra alguno de estos síntomas y sospechas que puede deberse a una infección de oídos, visita a tu médico directamente. El hecho de que tu médico te diga: «Sus oídos están bien, sólo le están saliendo los dientes» es mucho mejor que dejarle que sufra una infección sin curar. Es muy importante tratarla a tiempo, porque una infección de oídos mal curada puede dar lugar a dificultades del habla, pérdida de audición, meningitis y otras complicaciones.

Si tu hijo tiene una infección de oídos, puede que tu médico te sugiera alguna de las siguientes posibilidades (pero no intentes resolver este problema sin consultar a tu médico):

- Darle un analgésico, como por ejemplo el acetaminofén o ibuprofreno. No le des aspirina a menos que sea bajo prescripción médica.

- Mantenerle la cabeza elevada mientras duerme. Puedes levantar un extremo del colchón (prueba a pegar latas de atún debajo del colchón o con algunas de las ideas que aparecen en el apartado «Reflujo (Reflujo gastroesofacal–GER)», hacer que duerma en el cochecito o en el asiento del coche o entre tus brazos.

- Colocarle una compresa caliente sobre el oído afectado.

- Mantenerle los oídos secos.

- Darle mucho líquido.

- Utilizar las gotas para los oídos que te recete el médico.

- Darle antibióticos bajo prescripción médica.
- Cuidarle durante el día o requerir el servicio de una canguro.

Reduce las probabilidades de que tu hijo sufra infecciones de oídos

Todos los bebés pueden sufrir infecciones de oídos, pero puedes tomar las siguientes medidas para reducir las probabilidades:

- **Evita los resfriados y las gripes que introducen las bacterias en su organismo.** Lávale las manos a menudo, al igual que las tuyas. Procura que quien lo tome en brazos se haya lavado las manos antes, sobre todo si él o alguien de su entorno está resfriado. Mantenle alejado de alguien que esté resfriado o tenga la gripe.

- **Mantenle alejado del humo del tabaco.** Una sola tarde que pase aspirando humo puede aumentar las posibilidades de desarrollar una infección de oídos.

- **Dale el pecho durante al menos seis meses.** Los anticuerpos y otras partículas impulsoras de la leche materna que inmunizan su sistema impiden la expansión de las bacterias. Además, la forma de mamar (succionando vigorosamente y tragando fuertemente) ayuda a evitar que la leche se introduzca en los oídos. Los bebés que maman son menos propensos a contraer infecciones de oído que los que toman el biberón.

- **No le dejes nunca que duerma con el biberón.** Puede derramarse y el líquido se le puede introducir en los canales de los oídos (también puede ocasionarle la caída de los dientes).

Reflujo (Reflujo gastroesofacal–GER)

Grastroesofacal significa del estómago y del esófago. *Reflujo* significa vuelta o regreso. El reflujo gastroesofacal se produce cuando el contenido del estómago revierte al esófago. Un bebé con esta enfermedad sufre dolores como si le ardiera el estómago, lo que suele ser más incómodo si está tumbado. Le será más difícil conciliar el sueño y permanecer dormido. La mayoría de las veces se debe a la inmadurez de su sistema digestivo y casi siempre el problema se soluciona por sí solo.

Los síntomas más frecuentes de reflujo son los siguientes:

- Escupir o vomitar frecuentemente.

- Dificultad para alimentarse cuando está hambriento.

- Engullir o tragar con ansiedad.

- Llantos que parecen sintomáticos de dolor.

- Despertarse por la noche con llanto.

- Nerviosismo o llanto después de comer.

- Aumento del nerviosismo o llanto cuando está boca arriba.

- Disminución del nerviosismo cuando lo sostienes derecho o cuando está boca abajo.

- Resfriados y tos frecuentes y repetitivos.

- Escupe cuando se hincha o tiene movimientos intestinales.

- Hipo frecuente.

- Congestión nasal o sinusitis.

- Pérdida de peso.

Si tu bebé muestra alguno de estos síntomas, consulta a tu médico sobre la posibilidad de que sufra reflujo. Si tu médico confirma tus sospechas, puede que te sugiera algunos de estos remedios:

- Darle pequeñas cantidades de comida muy a menudo, en lugar de darle comidas copiosas con menor frecuencia.

- Sostenerle en brazos entre 30 y 60 minutos después de comer.

- Colocarle durante un tiempo boca abajo formando un ángulo de 30 grados después de comer. Recuerda que todos los bebés deben dormir boca arriba (la *American Academy of Pediatrics* recomienda que incluso los bebés con reflujo duerman en esta posición); consulta a tu médico sobre una posible alternativa para tu bebé.

- Evitar colocarlo sentado (como en una sillita) justo después de comer; podría resbalarse.

- Elevarle la cabeza para que esté más alta que el resto del cuerpo; puedes colocar un objeto estable debajo de las patas de la cuna o un trozo de madera o algunos libros debajo del colchón.

- Para los niños que toman el biberón, probar con una marca diferente o una variedad más espesa. Prueba a usar diferentes tipos de biberones y tetillas para reducir el exceso de aire.

- Para los niños que toman el pecho, se recomienda darles más tomas pero más pequeñas. Si tu hijo ya toma comida sólida, añade una ración de arroz después de darle de mamar.

- Evitar ponerle ropas que le opriman el estómago.

- Evitar que llore ya que el reflujo puede empeorar. Haz todo lo posible para que deje de llorar.

- Evitar que esté expuesto al humo del tabaco.

Si el reflujo es muy fuerte, consulta a tu médico sobre la posibilidad de suministrarle algún remedio como los antiácidos.

Alergias y asma

Si tu bebé padece una enfermedad que afecta a su respiración, también se verá afectado su sueño. Algunos padres luchan por dormir a su bebé que se despierta frecuentemente sin darse cuenta de que la causa es la alergia o el asma.

Síntomas de las alergias y el asma

Muchas veces es muy difícil diferenciar entre un simple resfriado y una enfermedad más seria. Éstos son los síntomas de alergia y asma que debes buscar:

- Mucosidad nasal.

- Tos, especialmente por las noches.

- Gangueos.

- Ronquidos.

- Nariz congestionada, especialmente al despertarse.

- Picor de ojos, oídos o nariz.

- Ojos llorosos.

- Dolor de garganta.

- Dificultad para respirar.

- Erupción cutánea.

- Diarrea.

- Síntomas de resfriado que duran más de dos semanas.

- Infecciones de oído crónicas y persistentes.

- Un aumento de estos síntomas después de haber tenido contacto con animales o con plantas y flores.

El médico es el único que puede decirte si tu bebé tiene alergia o asma, ya que muchos de estos síntomas se parecen a los que normalmente se atribuyen a un resfriado, congestión respiratoria u otras enfermedades típicas de la infancia como es la salida de los dientes. Si sospechas que tu bebé padece una enfermedad, debes consultar a tu médico sobre cualquier motivo que te preocupe.

Pesadillas, terrores nocturnos, noctambulismo o hablar dormido

Los bebés mayores pueden sufrir alteraciones en el sueño a causa de una serie de molestias comunes. Pueden despertarse llorando o hablar mientras duermen, puede que se den la vuelta, se sienten o incluso gateen o caminen mientras están dormidos. La mayoría de estos incidentes son poco frecuentes y duran poco. La mejor opción en estas situaciones es calmarle para que se vuelva a dormir. Si continúan los problemas a la hora de dormir, consulta a tu médico sobre tus preocupaciones.

Ronquidos y apnea del sueño

Si tu bebé es un dormilón ruidoso, respira por la boca y ronca muy alto, puede que esté sufriendo apnea. *Apnea* significa «ausencia de respiración». El síntoma más molesto de este trastorno del sueño es que se deja de respirar durante al menos 30 segundos, a veces más. Esta circunstancia asusta mucho a los padres y debe tomarse en serio, pero en general no supone ningún peligro de muerte y se puede tratar. Un 10 por ciento de los niños sufren apnea del sueño. Las principales causas que lo producen son tener la garganta o las vías respiratorias estrechas, amígdalas alargadas, nodos linfáticos, padecer obesidad o anormalidades faciales. Otros síntomas que pueden aparecer en niños mayores son somnolencia diurna, pesadillas, mojar la cama, terrores nocturnos, noctambulismo, sudoración fuerte y dolores de cabeza matinales.

No todos los bebés que roncan sufren apnea, sin embargo si el ronquido es muy alto o se presenta junto con otros síntomas, puede tratarse de apnea.

Una apnea sin tratar puede causar problemas cardíacos y tensión alta, además de ausencias de sueño. Los estudios no han podido encontrar la conexión entre la apnea y la aparición de SMSL.

¿Cuál es la cura?

El remedio más común para la apnea del sueño infantil es la extracción o la reducción de las amígdalas o vegetaciones. Otra solución puede ser el ensanchamiento de las vías respiratorias para mantenerlas abiertas mientras duermen o, cuando la enfermedad está causada por obesidad, perder peso.

Observar al bebé mientras duerme

Todos los padres deben comprobar de vez en cuando cómo se encuentra su bebé mientras está durmiendo. En una habitación tranquila, la respiración del bebé no se debe oír prácticamente nada; el niño debe respirar por la nariz, de forma regular, prácticamente sin esfuerzo. Esto no es aplicable a los bebés que están resfriados o tienen mucosidades, aunque debes saber que en el caso de los niños con apnea del sueño los síntomas aparecen exagerados si están resfriados.

Si la respiración de tu bebé mientras duerme es muy fuerte y está acompañada de ronquidos y ruidos silbantes, o si parece tener problemas para respirar, consulta a tu pediatra, otorrino o a un especialista en los trastornos del sueño sobre la posibilidad de que padezca apnea del sueño. Si tu bebé es un recién nacido, estos síntomas pueden ser muy serios y debes informar sobre ellos inmediatamente.

Avanzar con el plan de sueño

Después de analizar las características del sueño de tu bebé y una vez descubiertos los posibles problemas, es hora de darle un giro a tu plan. Vuelve a leer el apartado de las ideas, perfila tu plan y síguelo durante diez días más. Después, haz otro registro y si has hecho tu trabajo, estoy segura de que estarás durmiendo como un bebé, tu bebé, que dormirá durante toda la noche.

9

Sigue tu plan otros diez días

Llegados a este punto de tu plan de sueño, es importante que hayas seguido los pasos de los capítulos 7 y 8. Estos apartados te ayudarán a averiguar la mejor forma de aplicar tu plan durante los próximos diez días. Puede que descubras que debes cambiar algunos aspectos del plan, que los hábitos de sueño de tu bebé son distintos de lo que imaginabas al principio y que necesitas añadir o quitar algunas de las ideas originales. Por el contrario, puede que averigües que tu plan es el correcto y que decidas aplicarlo durante otros diez días.

Después de haber pasado un tiempo aplicando tus nuevas ideas, empezarás a comprender mejor lo que has leído y a poner en práctica los nuevos conceptos. Puede que hayas vivido momentos en los que tu bebé se ha comportado tal y como se explica en alguno de los libros que has leído y de repente empiezas a comprender mejor la lógica de tus soluciones.

Cada bebé es distinto, al igual que todas las familias

Siempre he dudado de la fiabilidad de los gráficos que hacen referencia al crecimiento del bebé en cada etapa de su vida. Al igual que los adultos, los bebés son distintos unos de otros; por ello, asumir que todos se comportan de una manera determinada según su edad, no es lógico.

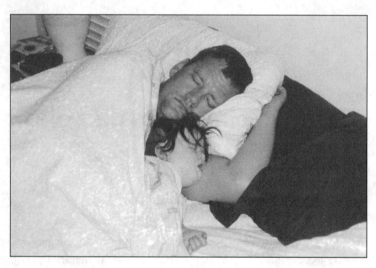

Jim y Lauren, 9 meses

Como madre de cuatro hijos, sé que cada bebé se desarrolla de manera muy distinta. Mis hijos demostraron ser diferentes entre sí al pasar por las etapas de crecimiento más importantes. Vanessa tenía sólo 18 meses la primera vez que dijo: «Por favor, una galleta, mami», mientras que Angela no empezó a hablar hasta los 2 años y medio. David empezó a andar a los 10 meses y poco después empezó a correr, mientras que Coleton se conformaba con gatear y que lo llevase en brazos hasta los 16 meses. Angela no durmió durante toda la noche hasta los 2 años, mientras que Vanessa lo hizo a las 6 semanas. Lo más interesante de todo es que ahora a la edad de 2, 10, 12 y 14 años todos mis hijos saben andar, hablar y dormir durante toda la noche. Lo que quiero decir con esto es que los bebés son únicos. Puedes hacer algo para ayudarle a dormir mejor, pero el momento en el que empieza a dormir durante toda la noche también está condicionado por la fisiología y temperamento de cada uno. Por este motivo, es mejor que no compares sus hábitos de sueño con los de otros bebés sino con su propio horario semana tras semana. A medida que trabajes en tu plan, podrás comprobar las mejorías en los patrones de sueño de tu bebé.

¿Cuánto tiempo tardará?

Ten paciencia. Estamos hablando de un pequeño ser humano, no de un ordenador que se puede programar. Aunque sería maravilloso disponer de un plan de un día para dormir sin llantos, sinceramente, no tengo ninguna esperanza de que exista un plan así. Te sugiero que celebres los éxitos que vayas logrando a medida que apliques tu plan. ¿Duerme siestas más largas? ¡Estupendo! ¿Se queda dormido antes? ¡Maravilloso! ¿Duerme durante periodos más largos por la noche? ¡Aleluya! Sinceramente, si puedes apreciar cada pequeño logro que consigas, te sentirás mucho mejor en lo que respecta a este asunto. Estás en el buen camino para conseguir dormir toda la noche y algún día lo conseguirás. Ahora debes volver a comprometerte durante otros diez días más. Buena suerte en tu esfuerzo por lograr el objetivo de dormir durante toda la noche.

«Lo he probado todo y no funciona. Ayúdame»

Las ideas que aparecen en este apartado están dedicadas a aquellas personas que están al límite o están a punto de rendirse y de dejar llorar a su bebé.

Por distintos motivos, no todas las «madres del estudio» con las que he trabajado han logrado el éxito inmediatamente. Muchos padres lo han estado intentando durante semanas hasta que han perdido la esperanza. Algunos fueron capaces de evaluar de nuevo la situación, hacer ciertos cambios y continuar hasta conseguir el éxito. Otros todavía siguen luchando, como es el caso de estas dos familias:

> No tengo nada bueno que decir. Empecé dos registros y no pude completarlos. En el primero llegué hasta las 22:41, fue increíble. Se despertó tantas veces que no pude anotarlas. Durmió en nuestra cama y se despertaba constantemente. Estamos completamente destrozados. No quiero ser la «madre del estudio» que fracase en el programa, pero parece que va a ser así. Todos los días mi esposo y yo hablamos sobre el hecho de dejarle llorar. Incluso probamos

a dejarle llorar durante un minuto y hasta dos, pero ninguno de los dos pudo ir más allá. Así que aunque quisiésemos, no creo que el método de dejarle llorar sea una opción para nosotros. No sé qué podemos hacer.

No puedo más. Me siento como si me estuviese venciendo, toda la noche de cama en cama. El niño lleva despierto toda la noche y yo dándole el pecho desde las 4:00 de la mañana. Son las 6:00 y cada vez que le acuesto se echa a llorar como si le estuviesen haciendo daño. Es ridículo, estoy empezando a odiar el hecho de darle el pecho. Es horrible, me he echado a llorar. Mis amigos no pueden ayudarme de ninguna forma, ellos me dicen «Lo ves, te lo dije. No tenías que haberle mimado, deberías haberle dejado llorar y ahora se dormiría solo». Sé que no tienen razón y que estoy haciendo lo correcto, pero no puedo aguantar más tiempo sin dormir.

Si te encuentras en esta misma situación, te sugiero tres ideas completamente distintas de las que te he dado hasta ahora. Estás en un estado muy peligroso de sensaciones extremas y seguramente no quieras herirle accidentalmente sacudiéndole o golpeándole.

Estas cosas pueden suceder en esta situación. Incluso los padres más cariñosos pueden sufrir un ataque de ira a causa de la falta de sueño. Seguro que no quieres que tu falta de sueño interfiera en lo que deberían ser días de felicidad con él.

En cuanto tu hijo tenga más de cuatro meses, podrás empezar a aplicar las siguientes ideas. Tómate un día para pensar en ellas, habla sobre ellas con tu pareja o con un amigo en el que puedas confiar. Respira hondo. Si tu hijo tiene menos de 4 meses, lee el apartado para recién nacidos del capítulo 4.

Idea número uno: tómate un descanso

La próxima semana, no luches cada vez que se despierte por las noches. Haz lo que te ayude a volver a dormirle de la manera más rápida. Líbrate del reloj de la habitación o al menos colócalo en un sitio en el que no lo puedas ver. Acuéstate lo más temprano que puedas y levántate lo más tarde posible.

Establece unas prioridades y no hagas nada que puedas hacer la semana siguiente. Échate la siesta si puedes. El lema de esta semana será: «Haré todo lo que pueda para dormir aunque sea un rato». Hazlo durante una o dos semanas para darte un respiro y después vuelve a aplicar tus ideas con un espíritu renovado.

Si te parece que esto funciona, hazlo durante un mes para ver si tu bebé deja de despertarse. Para serte sincera, te diría que es poco probable que esto suceda. Pero una vez que te hayas recuperado de la falta de sueño, te sentirás mejor y te será más fácil abordar tu plan de sueño.

Durante este tiempo, lee el capítulo 8, en especial el apartado: «Si no has apreciado ningún cambio positivo». La información que encontrarás en este apartado puede ayudarte a averiguar cuáles son los problemas que te impiden lograr el éxito a la hora de dormir a tu bebé.

Idea número dos: ponte serio

Sigue los pasos que se mencionan en este libro pero con un cambio muy importante: ponte serio; se acabaron los «quizá», «debería» o «para la próxima vez». Tómate algún tiempo para volver a leer las primeras secciones del libro, céntrate y concéntrate. Crea un plan basado en lo que has aprendido sobre el sueño y lo que ya sabes sobre ti y tu bebé. Confía en el programa, porque puede ayudarte. Sigue todas las ideas de manera estricta.

Si tu bebé duerme contigo durante toda la noche o parte de ella y se sigue despertando muchas veces, puede que tengas que cambiarle a la cuna para poder dormir más tiempo. Tendrás que levantarte durante varios días pero al final tu bebé seguramente dormirá más. Encontrarás la forma de hacerlo en el apartado: «Ayuda a tu bebé a que se vuelva a dormir por sí solo mientras le das el pecho y duermes con él» del capítulo 4. Una vez que tu hijo duerma profunda y constantemente, podrás llevártelo de nuevo a la cama si quieres.

Muchos padres que han llegado a un estado de completa frustración, descubren que sólo seguían las sugerencias parcialmente, con la esperanza de lograr el éxito de cualquier modo. Si sigues las sugerencias a medias, sólo conseguirás pequeños logros, si es que consigues algo.

Vuelve a leer la «Introducción» y revisa el apartado de las soluciones que aparece en el capítulo 4. Modifica tu plan como sea necesario, síguelo con exactitud y conseguirás que tu bebé duerma. Sería positivo que leyeses el capítulo 12 para animarte.

La mayoría de los padres que siguen mi plan consiguen el éxito en 30 días o incluso menos; tú también puedes hacerlo.

Idea número tres: una alternativa más moderada a dejarle que llore

Si estás a punto de rendirte, de tirar el libro por la ventana y dejarle llorar, este apartado está especialmente dedicado a ti.

El Dr. Sears llama a la situación en la que te encuentras «da zona peligrosa» y advierte que si la rutina nocturna que sigues te produce una sensación de enojo y empiezas a sentir un cierto resentimiento hacia tu bebé, debes hacer un cambio.

De nuevo, te propongo esta sugerencia porque estás en el límite. Puede que te sirva de ayuda o por el contrario que empeore las cosas. Reflexiona sobre ello antes de decidirte a probarla. Si en cualquier momento sientes que las cosas están empeorando en lugar de mejorar, retrocede a la idea número uno y vuelve a evaluar qué está sucediendo.

Esta sugerencia es más adecuada si tu bebé tiene más de un año, pero si es más pequeño (mayor de 4 meses) y estás a punto de meterlo en su cuna y ponerte tapones en los oídos, ésta es una alternativa mejor. Éstos son los pasos que debes seguir como alternativa más moderada a dejar que llore:

1. Pasa más tiempo con él a solas durante el día (sobre todo por las mañanas y antes de acostarle). Dedica más tiempo a tomarlo en brazos, acariciarlo y pasearlo.

2. Enséñale a diferenciar entre la luz y la oscuridad. Llévalo al cuarto de baño y juega con él: luces fuera, ¡oscuridad! Luces encendidas, ¡claridad! Léele un cuento sobre los términos opuestos: mañana y noche. Explícale las horas del día mirando por la ventana.

3. A la hora de acostarle, explícale tus expectativas claramente. Por ejemplo, puedes decirle: «Tomamos el pecho (o el biberón) cuando hay claridad y dormimos cuando está oscuro». Busca libros sobre los bebés y el sueño o escribe tu propio libro (consulta, en el capítulo 4, el apartado «Escribe un *bestseller* sobre la familia»). Léele estos libros como parte de tu rutina de la hora antes de acostarse.

4. Si se despierta por las noches, repítele tus expectativas. Por ejemplo, le puedes decir: «Shhh, es de noche, tomamos el pecho de día, dormimos cuando está oscuro. Está oscuro, vamos a dormir». Frótale o acaríciale y dile que es hora de dormirse.

5. Llorará, incluso puede que llore mucho, que se encuentre muy molesto. Prepárate para esto y dite a ti mismo: «Se va a poner bien. Sólo voy a hacerlo durante [rellena el número] noches». Decide durante cuántas noches deseas hacerlo.

6. Si te das cuenta de que no puedes dejarle llorar en la cuna, incluso aunque estés a su lado, puedes tomarle en brazos, mecerle, canturrearle, frotarle la espalda, ponerle tus carrillos junto a los suyos o cualquier otra cosa que os ayude. Si tu madre o cualquier persona que te ayude puede hacer esta parte, será mucho más fácil para ambos.

7. Si no quiere tomar el pecho o el biberón pero se despierta muchas veces para que le mezas o le tomes en brazos, puedes aplicar la misma idea, pero dejándole en su cuna; le puedes mecer, acariciar o tranquilizar de cualquier otra manera mientras que lo mantengas en la cuna. Una madre probó esta opción y se quedó dormida en el suelo con la mano entre las tablillas de la cuna mientras acariciaba el culito de su bebé.

8. Susúrrale palabras que le hagan sentir bien (normalmente sirven para mantenerle calmado y para hacerle saber que estás ahí): «Esto acabará en un par de días, te quiero. Todo está bien, mamá está aquí. Es hora de dormirse».

9. En el momento en el que ambos os encontréis molestos, adelante, dale el pecho o el biberón o recurre a cualquier otro método que le calme y le ayude a quedarse dormido. En este momento, se encontrará muy cansado, se dormirá más rápido y permanecerá más tiempo dormido. No hay ningún motivo para llevar la situación al límite. Inténtalo de nuevo la próxima vez que se despierte o a la noche siguiente.

10. Puedes establecer una hora a la que debes detener este proceso. Por ejemplo: «Voy a hacerlo hasta las 3:00 de la mañana, a partir de esa hora le acostaré para que podamos dormir».

11. Sé que ambos opinamos que el llanto es malo, pero si mamá está al límite y ha perdido la paciencia para hacer los ajustes de manera gradual y papá amenaza con irse a un hotel, puede tratarse del último recurso. Eres una madre que se siente muy unida a su bebé y le has criado muy bien, con mucho cariño; por este motivo, estar descansados y tranquilos es muy importante para ambos. Martha y William Sears afirman en *The Breastfeeding Book:* «Llorar y mostrarse inquieto en los brazos de unos padres cariñosos no es lo mismo que dejarle llorar». Si crees que debes recurrir a este método, no te culpes por ello. Simplemente hazlo lo más rápido posible y dale mucho cariño durante el día.

12. Recuerda que en cualquier momento, incluso en plena noche, es completamente correcto abandonar esta idea y utilizar la idea expuesta en el apartado «Idea número uno: tómate un descanso» en este mismo capítulo.

10

Completa tu registro, analiza el éxito y revisa el plan tantas veces como sea necesario

Después de haber seguido tu plan durante al menos otros diez días, es hora de hacer otro registro de sueño de diez días, analizar el éxito logrado y hacer los cambios necesarios al plan. También puedes utilizar la información de este capítulo después de llevar 10 días siguiendo tu plan de sueño hasta que estés satisfecho de cómo duerme tu bebé.

Con estos formularios, crea nuevos registros y, de nuevo, asegúrate de leer las instrucciones que les siguen. Fotocopia los formularios para asegurarte de que tienes los suficientes para alcanzar tu objetivo final o crea tu propio formulario en un cuaderno.

Revisa la información que se incluye en el capítulo 8 a medida que avances en este proceso.

Ten a mano este libro

Aunque tu hijo duerma durante toda la noche y se eche unas buena siestas, es posible que en los próximos años experimentes algunos contratie pos. Todas las cuestiones mencionadas en el capítulo 8 (como las infeccio de oído, los dientes y las vacaciones) pueden alterar el horario incluso d

Coby, 5 meses

bebé que duerma placidamente. No te obsesiones por el hecho de si esta circunstancia es normal o no. Sigue tu plan durante una o dos semanas hasta que consigas que tu bebé recupere su ritmo.

Utiliza los registros y las evaluaciones que aparecen en las páginas siguientes una vez cada diez días hasta lograr el éxito que pretendes y después utilízalas en cualquier ocasión si necesitas modificar las necesidades de sueño de tu

Registros de siestas de diez días

Nombre del bebé: _____

Edad: _____

Fecha: _____

¿Durante cuántos días has seguido tu plan? _____

Hora a la que se queda dormido	Cómo se duerme	Dónde se queda dormido	Dónde duerme	Durante cuánto tiempo

1. Revisa la tabla 2.1 o copia la información de tu primer registro:

   ¿Cuántas siestas debería echarse tu bebé? _____

   ¿Cuántas siestas se echa ahora? _____

   ¿Cuántas horas debería dormir la siesta? _____

   ¿Cuántas horas duerme la siesta? _____

2. ¿Sigues una rutina de siesta formal? _____

3. ¿Estás pendiente de sus muestras de sueño para acostarle tan pronto com
   notes que está cansado? _____

4. ¿Son constantes las horas y duración de las siestas todos los días? _____

Registros de rutinas antes de acostarse de diez días

Nombre del bebé: _____

Edad: _____

Fecha: _____

¿Durante cuántos días has seguido tu plan? _____

Clave:

Actividad: activo, moderado, tranquilo

Ruido: alto, moderado, bajo

Luminosidad: alta, media, baja

Hora	Qué hicimos	Nivel de actividad	Nivel de ruido	Nivel de luminosidad

últimos diez días, ¿cuántos días seguiste tu rutina formal de la hora de
e? _____

neral, ¿la hora antes de acostarle es tranquilla, calmada y a media luz? ___

rutina de antes de acostarse a preparar a tu bebé para dormirse? _____

e la rutina nocturna y le sirve a tu bebé como pista para saber que es
starse? _____

frutas de la rutina de antes de acostarse? _____

Registro de despertares nocturnos de diez días

Nombre del bebé: _____

Edad: _____

Fecha: _____

¿Durante cuántos días has seguido tu plan? _____

Hora	Cómo me despertó mi bebé	Cuánto tiempo estuvo despierto y qué hicimos	Hora a la que el bebé se volvió a dormir	Cómo se volvió a dormir	Cuánto tiempo duró el intervalo de sueño desde que se durmió

Tiempo que ha estado dormido: _____

Tiempo que ha estado despierto: _____

Número total de despertares: _____

Intervalo de sueño más largo: _____

Número total de horas de sueño: _____

La siguiente es una comparación de tus registros. Indica las horas en ambos registros y el cambio:

	Primer registro	Diez días	Cambio	Veinte días	Cambio	Treinta días	Cambio	Cuarenta días	Cambio
Número de siestas									
Duración de las siestas									
Hora de acostarse: tiempo dormido									
Hora de despertarse									
Número de despertares									
Intervalo de sueño más largo									
Número total de horas de sueño									

Usa esta hoja para analizar la situación cada diez días:

Durante los últimos diez días, ¿cómo seguiste tu plan?:

☐ Seguí todas las partes de mi plan exactamente durante los diez días.

☐ Seguí algunas partes de mi plan, pero no todas.

☐ Empecé fenomenal, pero retrocedí y volví a caer en las viejas costumbres.

☐ ¿Plan? ¿Qué plan? (Será mejor empezar por el primer paso)

¿Has apreciado cambios positivos al menos en un aspecto (por ejemplo: duerme quince minutos más durante la siesta o en el intervalo de sueño, se acuesta más temprano, se despierta menos veces por la noche)? _____

¿Qué aspectos muestran un cambio más notable? _____
_____

¿Por qué crees que ha sucedido? (¿Qué has hecho para influir en esto?) _____
_____
_____
_____

¿Qué aspectos muestran un cambio menos notable? _____
_____
_____

¿Por qué crees que ha sucedido? (¿Qué has hecho para influir en esto?) _____
_____
_____
_____
_____

¿Qué has aprendido sobre sus hábitos de sueño en los últimos diez días?

_____
_____
_____
_____
_____
_____
_____

¿Qué partes de tu plan parecen ser las que más influyen en su sueño?

_____
_____
_____
_____

¿Qué cambios crees que debes hacer ahora?

_____
_____
_____
_____

¿Cómo vas a hacer estos cambios?

_____
_____
_____
_____

Parte 2ª

Vamos a hablar de ti

Tu bebé no duerme toda la noche; es como si se despertase rebosante de alegría y por este motivo no fuese capaz de mantener los ojos cerrados. Puede que te encuentres vagando con una necesidad de sueño que te hace anhelar el momento (que parece ser casi inalcanzable) en el que te encuentres cómodamente acurrucado en tu cama, durmiendo toda la noche sin interrupciones. Puede incluso que te despiertes cada vez que tu bebé se mueva, lo que empeora una situación ya de por sí frustrante. Muchos padres, incluso cuando sus bebés ya duermen profundamente por la noche, siguen su patrón de frecuentes despertares nocturnos.

Si hay algo peor que despertarse por las noches cada varias horas, es seguir despertándose incluso cuando tu bebé duerme plácidamente.

Esta sección está dedicada a ti y pretende ayudarte a recobrar un patrón de sueño normal. Está llena de buenas noticias. Si sigues estas sugerencias, empezarás a dormir plácidamente en muy poco tiempo.

El último capítulo de este libro explica cómo puedes mantenerte sano durante estos periodos de falta de sueño. Te ayudará a lo largo de tu viaje a alcanzar un equilibrio y a centrarte en el futuro.

Te ayudará a apaciguar tu frustración y sensación de impotencia y te dará la fuerza necesaria para volver a trabajar en tus planes de sueño de manera inmediata.

11

El bebé por fin duerme, pero mamá no

Después de seguir el método *Felices sueños*, elaborar un plan de sueño, evaluar el progreso e insistir noche tras noche con perseverancia, tu bebé por fin duerme. Es increíble, maravilloso. Tu bebé duerme toda la noche, pero tú no.

Testimonios de madres

«Mi hijo duerme toda la noche pero yo me sigo despertando cada dos horas mirando el reloj».

Robin, madre de Alicia, 13 meses

No te desanimes, es una situación muy normal y este capítulo te indicará cómo mejorar tu plan de sueño.

¿Qué ocurre?

Puede que varias cosas ocurridas el año pasado te hayan alterado el sueño, como por ejemplo el embarazo, seguido del bebé, o tal vez seguido de otro embarazo y uno o más bebés. Si lo has adoptado, seguramente has estado durmiendo mal durante todo el proceso y, después, durante los primeros meses con el bebé.

Puede que no te des cuenta de que te has acostumbrado a despertarte por la noche. Tu sueño nocturno normal incluye muchos despertares nocturnos y tu sistema se ha acostumbrado a un cierto nivel de falta de sueño.

Probablemente, hace mucho tiempo que no duermes una noche entera. Lo más seguro es que haga más tiempo de lo que imaginas. Muchos padres llegan a olvidar cómo eran sus patrones de sueño antes de que los bebés llegasen a sus vidas. Muchos presuponen que solían dormir ocho horas sin interrupción. La mayoría de los expertos recomiendan dormir estas horas en el caso de los adultos, aunque en realidad, según la *National Sleep Foundation*, la mayor parte de los adultos duerme siete horas. Además, casi la mitad de los adultos tienen problemas para quedarse y permanecer dormidos, tengan o no tengan bebés. En otras palabras, si no dormías como los ángeles antes de que naciera tu bebé, menos aún lo vas a hacer ahora.

Hay otro aspecto que debes tener en cuenta en relación con tu situación de sueño actual. A medida que nos vamos haciendo mayores (y lo has estado haciendo durante los últimos años), suele disminuir la cantidad de horas de sueño que necesitamos y las que en realidad dormimos y aumentan los problemas de sueño. Estudios recientes de la *National Sleep Foundation* han demostrado el impacto que tiene el flujo y el reflujo de las hormonas menstruales en nuestro sueño. En sus estudios afirman que el 43 por ciento de las mujeres sufren problemas de sueño la semana anterior a la menstruación, el 71 por ciento los sufre durante la menstruación y, además, el 79 por ciento los sufre durante el embarazo. Personalmente, creo que estas cifras son mucho más altas en realidad, probablemente porque el 21 por ciento que seleccionó la casilla «no» en esta encuesta estaba demasiado cansada como para entender la pregunta.

Según los expertos en el sueño, no es sólo la edad, sino también el estrés que sufrimos en nuestra vida, lo que influye en nuestros problemas del sueño. Además, siento ser portadora de malas noticias, pero puede que desees saber más. Entre el 50 y el 90 por ciento de la gente mayor de sesenta años tiene problemas de sueño.

Si sumas todas estas situaciones, observarás que hay muy pocas noches en las que nuestro sueño no se altere por algún motivo.

Ahora que ya conoces todos los detalles sobre este asunto, no puedes echar la culpa de todos tus problemas nocturnos a la paternidad.

Cómo lograr dormir bien

Ya sabes lo que suponen los periodos de despertares nocturnos, por lo que no es necesario que te diga que la calidad y cantidad de tu sueño pueden afectar al resto de tu vida. Dormir de forma adecuada y reconfortante es esencial para tu salud y bienestar.

Cada persona tiene unas necesidades de sueño diferentes y deberías adaptar las tuyas en función de tu salud. Deja que tu cuerpo te pida lo que necesita y esfuérzate por escucharle. Aprende a distinguir los síntomas que te indican si duermes o no lo suficiente.

Durante la investigación que realicé para escribir este libro encontré varias sugerencias para mejorar el sueño de los adultos. Más adelante se exponen algunas de estas sugerencias para que elijas las que desees. Aunque sólo decidas seguir una o dos sugerencias, la lista te resultará muy útil. En algunas ocasiones, la gente que ha estado falta de sueño por algún tiempo comienza a sentirse más cansada cuando empieza a hacer cambios para mejorar sus ritmos de sueño. Esto durará poco tiempo y en cuanto logres adaptarte a los cambios te sentirás mejor física y emocionalmente.

Revisa estas ideas, elige aquéllas que sean aplicables a tu caso y crea tu plan de sueño. Muy pronto dormirás como un bebé (un bebé que no se despierta cada dos horas).

Deja de preocuparte por el sueño

Es maravilloso que tu bebé por fin duerma bien. Ésa era tu meta cuando compraste este libro y lo has logrado. Que tú también duermas bien es sólo cuestión de tiempo una vez que te acostumbres a la nueva rutina de tu hijo y que te asegures de que él también lo está. Lo irónico del caso es que ahora el hecho de estar tumbado en la cama, preocupado porque no eres capaz de dormir, te mantendrá despierto. Así que relájate, sigue estas sugerencias y en algún momento te dormirás.

Pon el reloj lejos de la cama y deja de agobiarte por si duermes o no. No puedes obligarte a ti mismo a dormir con esta obsesión. Lo mejor que puedes hacer es establecer unos hábitos de sueño y seguirlos por las noches.

Debido a las múltiples tareas que seguramente tienes que realizar, puede que este problema se deba a que pienses que podrías dedicar parte del tiempo de sueño a hacer otras cosas. También puede que te acuestes demasiado tarde o que te quedes en la cama sintiéndote culpable por todas las cosas que «deberías» estar haciendo. Concédete permiso para dormir. Es necesario para tu cuerpo, importante para tu salud y bueno para tu espíritu. Recuerda también que tu descanso redundará en beneficio de tu bebé, ya que serás una mamá (o papá) más feliz. Y si estás embarazada o le das el pecho a tu hijo, la mejoría del sueño os beneficiará a ambos.

Liquida tu deuda de sueño

Cuando no dormimos lo suficiente, creamos una deuda de sueño que irá en aumento cada noche que pasemos sin dormir. Si aún te sientes falto de sueño, procura dormir todo lo que puedas.

Tómate un par de semanas libres para disfrutar de la cama y considéralo una prioridad. Acuéstate más temprano siempre que puedas, échate una siesta y duerme unos minutos más. Incluso una sola hora extra de sueño te ayudará a liquidar al menos parte de tu deuda. Te sentirás mucho mejor y podrás establecer una rutina de sueño sana.

Si no puedes permitirte ninguna hora extra de sueño, ignora esta idea y céntrate en establecer una rutina de sueño sana. Puede que necesites un mes o más hasta que liquides por completo la deuda de sueño y tu nuevo programa de sueño empiece a funcionar, pero tarde o temprano notarás los resultados. Después de haber desarrollado tu plan, te darás cuenta de que dormir no será nunca más uno de los puntos de tu lista de cosas pendientes. Por el contrario, el hecho de dormir formará parte de tu vida de la misma forma que de la de tu bebé.

Regula tu reloj corporal

Tu cuerpo cuenta con un reloj de alarma interno que establece los periodos de sueño y de vigilia. La constancia de tu programa de sueño regula este reloj y hace que funcione. Si te acuestas y te levantas a distintas horas todos los días, la efectividad de este regalo de la naturaleza dejará mucho que desear y tu reloj no estará sincronizado. Te encontrarás cansado o en estado de alerta siempre a deshora; así, por ejemplo, algunas veces te parecerá que te vas a quedar dormido de pie durante el día mientras que habrá otras ocasiones en las que no puedas pegar ojo por las noches.

Esto explica el motivo por el que muchas personas tienen problemas para levantarse los lunes por la mañana. Si durante la semana te levantas o te acuestas a una hora determinada, lo más probable es que el viernes te despiertes antes de que suene el despertador y que por la noche tengas que hacer un esfuerzo extra por estar despierto hasta muy tarde viendo una película. Cuando llega el lunes por la mañana, estás completamente destrozado cuando suena el despertador. Lo que ocurre es que al final de la semana tu reloj biológico está controlado gracias a tu horario de despertarte y acostarte a la misma hora durante todos los días; pero llega el fin de semana y nos acostamos más tarde y, si tenemos la suerte de conseguirlo, dormimos hasta más tarde también. Esto desajusta la puesta en hora de nuestro reloj y tenemos que volver a empezar por el principio el lunes por la mañana.

Este desequilibrio es fácil de arreglar y un plan de sueño constante y sólido nos ayudará a lograrlo. Elige una hora de levantarte y de acostarte y síguela lo más fielmente que puedas durante los siete días de la semana. Obviamente, tendrás que alterar esta rutina cuando tengas muchas cosas que hacer. Puedes cambiar tu ritmo de vez en cuando sin sufrir muchas alteraciones.

Pero en general, si te adhieres a tu horario lo máximo posible, tu sueño será más reconfortante y durante el día estarás más alerta y te sentirás con más energía.

Tu reloj corporal funcionará como debe, encendiéndose con energía por las mañanas y apagándose tranquilamente por las noches.

Hay algunos afortunados que pueden funcionar perfectamente con un reloj variable, pero constituyen una excepción. Esta sencilla y efectiva sugerencia sirve de gran ayuda a mucha gente.

Organízate

Si tienes unos días desorganizados, muy ajetreados, aumentará tu nivel de estrés y las respuestas emocionales y fisiológicas a éste te impedirán dormir. Podemos combatir este problema desde la raíz, siguiendo una cierta organización y nivel de actividad durante el día.

Una lista o calendario de las tareas diarias puede ayudarte a sentir que tienes las cosas bajo control. Si anotas todos los asuntos importantes que tienes que resolver durante el día, te sentirás más relajado de algún modo. Piensa que el hecho de pasar todas las fechas, horarios y tareas de tu cabeza al papel es como vaciar de trastos la habitación de la planta de arriba. Y por las noches no te tendrás que preguntar: «¿Qué tengo que hacer?, ¿qué he olvidado?». Todo estará correctamente reflejado en tus listas o en el calendario. Llévate un cuaderno de notas y un lápiz a la cama por si se te ocurre alguna idea importante mientras piensas de forma vaga en todas tus obligaciones diarias. Anótala y olvídalo de momento.

Evita tomar cafeína a última hora del día

Éste es un dato interesante. La cafeína permanece en la sangre entre 6 y 14 horas, lo que quiere decir que esa taza de café después de la cena permanecerá en tu organismo hasta media noche e incluso hasta más tarde.

La cafeína contiene un compuesto químico que provoca hiperactividad y desvelo, que es por lo que mucha gente encuentra el café de las mañanas tan estimulante. Los niveles de tolerancia de la cafeína varían, por lo que debes probar para averiguar cuánto café puedes tomar y hasta qué hora para que no altere tu sueño.

Si le das el pecho a tu bebé, obsérvale para averiguar cuánto le afecta. Aunque no hay ningún estudio que haya probado que exista una conexión directa entre la cafeína y la falta de sueño de los bebés, sabemos que la dieta de la madre afecta a la calidad, cantidad y sabor de la leche materna. Muchas madres que dan el pecho a sus bebés dicen que la cafeína les afecta, por lo que sería conveniente que prestases atención a tu dieta.

Debes tener en cuenta que la cafeína es un ingrediente que puedes encontrar en más alimentos aparte del café. El té (el verde y el negro), la cola, algunos refrescos (incluso la cerveza y el refresco de naranja, comprueba las etiquetas), el chocolate y algunos calmantes que la contienen aunque en menores proporciones.

Las mejores opciones a la hora de acostarse son la leche caliente y las infusiones que te llevarán al estado de relajación que necesitas para dormirte.

Cuidado con los efectos de las drogas y el alcohol

Si tomas algunos medicamentos, consulta a tu médico o farmacéutico si pueden tener efectos secundarios. Muchas veces somos conscientes de que ciertos medicamentos nos producen sueño, pero no nos percatamos de que otros tienen el efecto contrario, actuando como estimulantes.

De la misma forma, uno o dos vasos de vino o cerveza por la noche normalmente no afectan al sueño, sino que puede que lo provoquen, pero también pueden tener un efecto rebote de manera que unas horas más tarde te provoquen insomnio en plena noche. El alcohol también puede afectar a la calidad del sueño haciendo que los ciclos normales de sueño sean más superficiales y con interrupciones.

Procura que el ejercicio físico forme parte de tu vida

Hay muchas ventajas que se desprenden del hecho de incluir el ejercicio físico como parte de tu vida y la mejoría del sueño es la más importante. Muchos estudios (sin mencionar las experiencias de la vida diaria) han demostrado que el ejercicio regular moderado reduce el insomnio y mejora la calidad del sueño.

La clave para emplear el ejercicio para mejorar el sueño está en mantener un patrón regular: treinta o cuarenta y cinco minutos de ejercicio aeróbico moderado tres o cuatro veces a la semana. Para obtener mejores resultados, asegúrate de terminar de practicar ejercicios al menos tres horas antes de acostarte, ya que en muchos casos el ejercicio físico provoca un estado de energía que impide dormir justo después. Una vez más, hay excepciones. Algunas personas encuentran que el ejercicio enérgico les ayuda a dormirse rápidamente justo después de practicarlo. Prueba a ver si éste es tu caso.

Puede que pienses que tu bebé te impide la posibilidad de salir y practicar un poco de ejercicio físico. ¡Al contrario! Te ofrece la excusa perfecta para dar un paseo diario con el cochecito. Cuando llegue el invierno, busca un centro comercial grande para dar un buen paseo por su interior. Puede que esta solución no sea válida para todos los días y que tengas que dejar el monedero en casa, pero muchos padres lo consideran una forma eficaz de dar un paseo diario. Además a muchos bebés les encanta y les supone una estimulación (de hecho puede ayudarles a dormir).

A continuación se incluyen otras formas distintas de incluir el ejercicio diario en tu vida.

Si trabajas en casa:

- Después de acostar a tu hijo para que duerma la siesta, utiliza una pasarela para andar, una bici fija u otro equipo de gimnasio.

- Sube y baja las escaleras corriendo.

- Llévatelo al jardín mientras lo arreglas.

Si trabajas fuera de casa:

- A la hora de comer o durante un descanso, sube y baja las escaleras o date un paseo por los alrededores.

- Crea una rutina para ir a un gimnasio o a una sala de entrenamiento.

- Da breves paseos con frecuencia a la sala de la fotocopiadora, de correo o al cuarto de baño.

Ideas para todos:

- Practica deporte con un vídeo o con tu bebé.

- Pon música que le guste y baila con él.

- Busca pequeñas formas de hacer más ejercicio, tales como aparcar el coche más lejos del lugar al que vas, utilizar las escaleras en lugar del ascensor, ir andando en lugar de ir en coche cuando vayas a un sitio que esté cerca, llevar andando a tus hijos mayores al colegio o jugar con ellos.

- Planifica actividades familiares que incluyan acción y movimiento, tales como excursiones a pie, en bicicleta o jugar en la playa o en el parque.

Crea un entorno favorable para dormir

Échale un vistazo a tu dormitorio y asegúrate de que está acondicionado para dormirte y relajarte. Cada persona es distinta, pero puedes revisar esta lista de comprobación:

- **Comodidad**. ¿Tu colchón es cómodo? ¿Te proporciona toda la comodidad que necesitas? ¿Te gusta tu manta o edredón o puede ser el causante de las molestias nocturnas? ¿Tu almohada tiene el grosor y suavidad adecuados? ¿Encuentras el material acogedor y agradable? Haz lo que puedas para mejorar estos detalles.

- **Temperatura**. Si tienes demasiado calor o demasiado frío mientras duermes, te despertarás muy a menudo. Prueba hasta que encuentres la temperatura correcta. Si tu pareja tiene distintas preferencias de temperatura, busca la opción más adecuada para ambos: utiliza otro tipo de pijamas, enciende un ventilador o utiliza más mantas.

- **Ruido**. Algunas personas duermen mejor en un ambiente de silencio absoluto mientras que otras prefieren escuchar música o un ruido de fondo. De nuevo, si a uno de los dos le gusta el ruido pero el otro prefiere el silencio, prueba a usar tapones para los oídos o auriculares para oír música.

- **Luminosidad**. Si duermes mejor totalmente a oscuras, cubre las ventanas completamente. Si te gusta la claridad, sube las persianas o usa una lámpara de noche. Sé cauteloso al encender las luces por la noche si te despiertas para ir al baño o a atender a tu bebé. El brillo de la luz puede indicarle a tu reloj biológico que es de día. Prueba a usar bombillas de bajo voltaje. De nuevo, si a tu pareja le gusta que las persianas estén subidas y a ti te gustan bajadas, decide cuáles son las necesidades más importantes o trata de llegar a un acuerdo. Puedes usar un antifaz para dormir o dejar algunas persianas subidas y otras bajadas; así, con algunas persianas cerradas tendrás una mayor sensación de oscuridad.

Crea tu propia rutina para acostarte

Puede que hayas creado una rutina para acostar a tu bebé y así ayudarle a dormir. Esta idea también te puede venir bien a ti. Muchas veces, los padres seguimos una rutina muy agradable a la hora de acostar a nuestros pequeños. Después de esa hora relajante en la que casi nos quedamos dormidos al leerle el cuento, nos enfrascamos en hacer todas nuestras obligaciones y cuando nos damos cuenta es medianoche.

La rutina que sigas antes de acostarte puede mejorar tu capacidad de quedarte y permanecer dormido. Puede incluir cualquier cosa que te relaje, como leer un libro, escuchar música, sentarte con tu marido a tomar una taza de té y charlar un rato. Procura no estimular tu mente y tu cuerpo una hora antes de acostarte. Las tareas como contestar el correo electrónico, hacer limpieza en la casa o ver la televisión pueden mantenerte despierto mucho después de haberlas terminado.

Si puedes, intenta estar a media luz la hora antes de acostarte, ya que la claridad induce al cuerpo a pensar que es hora de estar activo. Las luces más bajas y los sonidos más suaves te ayudarán a prepararte para dormir bien.

Come con moderación antes de acostarte

Dormirás mejor si tienes el estómago ni muy lleno ni muy vacío. Una comida copiosa puede hacer que te sientas cansado, pero mantendrá tu cuerpo activo durante la digestión, lo que te molestará a la hora de dormir. Un estómago vacío te puede mantener despierto con dolores de estómago. En el término medio encontrarás la virtud. Toma un aperitivo ligero una hora o dos antes de acostarte. Evita las comidas grasientas, flatulentas, dulces o picantes, requesón, pavo y anacardos. Averigua qué alimentos son los que más te convienen.

Estimula la relajación y el comienzo del sueño

A menudo, cuando estamos tumbados en la cama esperando a quedarnos dormirnos nuestra mente y nuestro cuerpo parecen pedirnos acción. Estos pensamientos nos hacen permanecer despiertos. Un método útil para inducirnos al sueño es intentar concentrarse en pensamientos tranquilos y relajantes. Algunas formas de hacerlo son:

- Repetir una meditación o plegaria que te sea familiar para liberar la mente de la actividad diaria y preparar al cuerpo para dormir. Los estiramientos de yoga ayudan a relajar los músculos.

- Centrarse en la respiración repitiendo la palabra *relajar* lentamente mientras se expira.

- Realizar una relajación progresiva para hacer que todas las partes del cuerpo se relajen. Empieza por los pies. Siente el peso de tus pies, haz que se suelten y se relajen y después imagina que emanan un calor agradable cuando los mueves. Después coloca el pie izquierdo sobre la pierna derecha y repite el proceso. Pon el pie derecho sobre la pierna izquierda y sigue subiéndolo hasta llegar a la cabeza. La mayoría de la gente se queda dormida o casi dormida cuando llega a este punto. Puedes adaptar algunos de los ejercicios de relajación que aprendiste durante las clases de preparación al parto.

Cuando el problema radica en tener los senos llenos

A menudo se produce un periodo de ajuste cuando un bebé que toma el pecho empieza a dormir durante toda la noche. Es difícil de creer, pero tus pechos desarrollarán su propio reloj. La disminución de producción de leche durante la noche es muy normal y una semana después de que se establezcan los nuevos hábitos de sueño, el patrón de producción de leche se habrá igualado al de la nueva alimentación del bebé. Tus pechos aún producirán leche constantemente, por lo que si tu hijo se despierta en alguna ocasión, tendrá leche suficiente para calmarse. Lo que es realmente interesante es el hecho de que si tu bebé se empieza a despertar de nuevo porque le están saliendo los dientes, está enfermo o por los estirones de crecimiento, la producción de leche se adaptará a sus nuevas necesidades (siempre que pida comer). ¡Qué milagro tan increíble es dar el pecho!

Testimonios de madres

«La pasada noche mi pequeño durmió como nunca lo había hecho, siete horas seguidas. El problema es que me desperté en plena noche con los pechos doloridos, me estaba goteando la leche y me dolían. Después de haber pasado tanto por conseguir que se durmiese, no me atreví a despertarle. Había deseado tanto que llegase este momento, que nunca me habría imaginado que querría que se despertase para tomar el pecho».

Elisa, madre de Jahwill, 9 meses

Soluciones para el periodo de ajuste

Éstas son algunas sugerencias que te pueden ayudar en este periodo de ajuste.

- Deja que mame en los dos pechos por la noche y por la mañana.

- Duerme con el sujetador más grande que tengas y utiliza empapadores para los pezones.

- Si te despiertas con los senos llenos, aplícate compresas calientes o extrae un poco de leche (bien a mano o con una bomba de extracción automática). No saques una ración completa porque entonces tu cuerpo pensará que tu hijo sigue necesitando mamar por la noche. Saca sólo lo que necesites para sentirte bien.

- Date una ducha de agua templada o masajea los pechos con un spray y agua. Puedes inclinarte hacia delante para que la gravedad te ayude a extraer la leche; de esta forma, podrás sacar la leche que necesites para sentirte bien hasta que tu bebé se despierte a tomar el pecho.

- Aplícate una compresa fría sobre los pechos o toma un medicamento con ibuprofeno para disminuir el dolor o las molestias.

- Si no puedes extraer la leche y estás sufriendo, adelante, toma a tu bebé y dale de mamar. La mayoría de los bebés pueden mamar mientras duermen y puede que el tuyo chupe lo suficiente para ayudarte a volver a dormir. Aunque se despierte mientras toma el pecho, se volverá a dormir fácilmente durante la sesión.

- Prepárate para que tu hijo realice alguna toma adicional durante el día por un tiempo. Algunos bebés que empiezan a dormir más por la noche, compensan las tomas de la noche con tomas extra durante el día.

- Si en el pasado has sufrido infecciones de pecho o has tenido los conductos obturados, procura extraer la leche suficiente para calmar tus pechos. Intenta minimizarlo de manera que puedas dar la toma nocturna fuera de tu horario. Recuerda que tu cuerpo ajustará la producción de leche para que coincida con el nuevo horario de sueño del bebé.

- No dejes de dar el pecho. Tus pechos todavía deben vaciarse y las tomas frecuentes durante el día te ayudarán a pasar esta situación tan incómoda.

Presta atención a tu propia salud

Si padeces de insomnio crónico, problemas de sueño anormales o cualquier otro problema de salud, no lo dudes, consulta al médico.

12

Reflexiones finales: de madre a madre

Al acabar este libro, me he dado cuenta de lo lejos que he llegado en la investigación de los hábitos de sueño de mi pequeño Coleton. Cuando empecé a escribir, tenía doce meses y se despertaba cada hora para tomar el pecho. Me pasaba la noche obsesionada con el deseo de conciliar el sueño y el día ocupada en una incansable y obsesiva investigación con la idea de averiguar algo que pudiese ayudarle a dormir. En esta tarea me guié por un criterio: hiciera lo que hiciera, no le dejaría llorar para quedarse dormido. Después de todo, estábamos en el mismo barco: ambos necesitábamos dormir y no sabíamos qué teníamos que hacer para conseguirlo. Esto no significa que no estuviese a punto de llorar en algunas ocasiones. Recuerdo las noches en las que me despertaba por sexta vez y rezaba «Dios, ayúdale a dormirse, por favor». Al igual que vosotros, mis lectores y amigos, aprendí que cuando alguien está falto de sueño, dormirse se convierte en la prioridad más importante.

Ahora que estoy al otro lado del puente (¿o debería decir de la cama?), el sueño ya no es uno de los asuntos que más me preocupan. Coleton se echa siestas de dos horas y duerme toda la noche con muy pocas interrupciones. Si se despierta alguna noche para tomar el pecho, me siento completamente descansada y capaz de atender a esta llamada de media noche sin molestarme. El sueño ha dejado de ser un problema en nuestro hogar. Las «madres del estudio» siguieron los mismos pasos. Empezaron su viaje con bolsas en los ojos y recitando angustiosas plegarias de ayuda.

Testimonios de madres

«Odio decirlo, pero he llegado a obsesionarme con el sueño del niño».

Caryn, madre de Blaine, 6 meses

«Por las mañanas estoy como un zombie. Haría lo que fuese por dormir una noche entera. Se ha convertido en mi principal obsesión».

Yelena, madre de Samantha, 7 meses

«Estoy completamente agotada. Por el día me encuentro como si estuviese en una nube. No puedo dejar llorar a mi bebé de ningún modo, pero quiero dormir como sea».

Neela, madre de Abhishek, 18 meses

Estas madres acabaron su viaje totalmente renovadas y listas para dar paso a la siguiente etapa de la vida de sus bebés.

Testimonios de madres

«Es impresionante hasta dónde hemos llegado. No puedo creer que sea el mismo bebé. Me siento una madre nueva, una madre feliz, con energía, que duerme toda la noche y se despierta alegre y renovada».

Robin, madre de Alicia, 13 meses

«Josh se va a la cama todas las noches sin problema y tengo toda la noche para trabajar, darme una ducha, cenar y cocinar. Es como tener dos días en uno».

Shannon, madre de Joshua, 19 meses

«Kailee se acuesta todos los días a las 20:00 y no la oigo hasta las 6:30 como muy pronto. Nuestras vidas han cambiado por completo. Es una nueva libertad de la que estamos disfrutando».

Marsha, madre de Kailee, 8 meses

Somos parecidos

Al trabajar con las «madres del estudio» me di cuenta de lo parecidos que somos unos de otros. Distintos nombres y lugares, pero los mismos corazones. Queremos a nuestros bebés por encima de todas las cosas, no podemos soportar oírles llorar ni tan siquiera aguantamos fácilmente el llanto de otros bebés. Nuestras vidas sufrieron un cambio radical e irrevocable en el momento en el que la prueba de embarazo dio positivo y a medida que nuestros hijos van creciendo, el lugar de nuestro corazón reservado para ellos también crece.

También tenemos nuestras propias opiniones acerca de la maternidad que en muchas ocasiones no se corresponden con lo que piensan los medios, nuestros amigos o incluso nuestro pediatra u otros expertos. En nuestros corazones sabemos qué necesitan y sentimos qué quieren. Con la bendición y el reconocimiento de los avances de la ciencia y condicionadas por las filosofías que se han creado en interés de encontrar lo más adecuado, nos sentimos decididas a hacer caso de nuestros instintos. Estamos dispuestas incluso a sufrir nosotras mismas, si eso es lo mejor para nuestros bebés.

Somos «madres-león», súper protectoras, y «padres-tigre» y les educamos con cariño.

Si acabas de empezar

Si acabas de embarcarte en esta empresa, la de buscar la manera de dormir mejor, sé que te sentirás frustrada y angustiada. Si estás decidida a no dejar llorar a tu bebé, los comentarios de tus familiares, tus amigos y, posiblemente, de tu pediatra no siempre te servirán de mucha ayuda.

El hecho de hablar con otras personas que comparten tus teorías sobre la maternidad sí te ayudará. Si tienes la suerte de tener a alguien cerca que opine lo mismo que tú, asegúrate de que aprovecháis la ocasión y habláis de ello con frecuencia. Si no tienes amigos en tu localidad, puedes encontrar ayuda a través de Internet. Muchos sitios Web sobre padres muestran listados de correo o chats a través de los cuales puedes ponerte en contacto con otros padres que compartan tus opiniones. Hay infinidad de sitios Web útiles que te ofrecen información, artículos, tablones con mensajes, salas de chat y muchas cosas más. Entre los más útiles se incluyen:

babiestoday.com
babycenter.com
babyzone.com
breastfeeding.com
geoparent.com
mothering.com
myria.com
nursingbaby.com
parenthoodweb.com
parentsoup.com
parentsplace.com
storknet.com

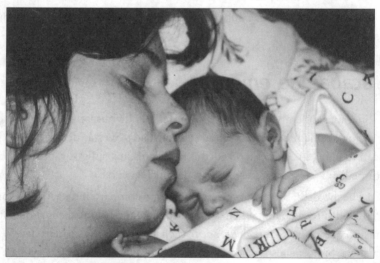

Jill y Kate, 2 semanas

Puede que descubras que el hecho de tener a alguien con quien puedes hablar, ya sea en persona, por teléfono o a través del ordenador, marca la diferencia entre la depresión y el compromiso. Te animo a que busques la ayuda necesaria para pasar por esta época tan estimulante.

¿Vivir el momento?

Tus problemas de sueño se reflejan en tu vida diaria, por lo que puede que sólo seas capaz de pensar en el preciso instante que vives. Tu cerebro, falto de sueño, está tan obsesionado por cómo conciliar el sueño, que puede que no seas capaz de pensar en otra cosa durante las pocas horas de descanso de las que puedes disponer. Lo que necesitas es perspectiva. Para conseguirla, pregúntate a ti mismo lo siguiente:

1. ¿Dónde estaré en los próximos 5 años?

2. ¿Cómo recordaré estos días?

3. ¿Estaré orgullosa de cómo me desenvolví con las rutinas de sueño de mi bebé o me arrepentiré de mis acciones?

4. ¿Cómo afectará a mi pequeño en el futuro lo que haga hoy ?

Sé que ya lo he dicho antes, pero el hecho de tener hijos mayores me permitió ver las cosas con la perspectiva necesaria que me faltó con mi primer hijo. Mis hijos me han enseñado lo rápido que pasa el periodo de lactancia. Ahora tengo que esforzarme para poder recordar las dificultades que atravesamos durante los dos primeros años; parecen estar muy lejanos. Y estoy orgullosa de no haberme dejado llevar por las presiones de los que me rodeaban; por el contrario, me guié por lo que me dictaba el corazón para criar a mis hijos. Esos días ya han pasado, pero los recuerdos permanecen.

Cuando observo a mis hijos mayores me gusta lo que veo. Son jóvenes amables, sensibles y cariñosos; me he esforzado por inculcarles valores sólidos.

Aún son demasiado jóvenes para reaccionar ante ciertas situaciones sin dejarse llevar por su propio instinto. Al observarlos me ha permitido reforzar lo que sospechaba, pero que la lógica adulta a menudo confunde.

Si el hermano recién nacido llora, los otros tres corren en su ayuda. Si uno de los tres está herido, los otros le intentan curar, le dan palabras de aliento o un abrazo. Desde lo más profundo de su alma, se encogen de miedo cuando ven que un padre ignora el llanto de su bebé.

Mis hijos saben qué hay que hacer, en parte porque no hace tanto que fueron bebés. Todavía se pueden sentir identificados con el llanto desesperante de un bebé. Es fácil para ellos, ya que no se sienten contaminados por los conocimientos de los adultos: si un bebé llora, la respuesta correcta es simplemente responderle. Es así de sencillo.

Sin embargo, no todo se debe al instinto; creo que mi compromiso a la hora de atender a mis bebés con cariño, mi rechazo a dejarles llorar, ha contribuido a formar a las personas sensibles que son hoy día. Por supuesto, no fue siempre fácil. Conseguir cualquier cosa que verdaderamente importe raramente lo es.

Bebés béisbol

Mis tres hijos mayores juegan al béisbol, así que Coleton y yo pasamos gran parte de nuestro tiempo en primavera en el campo de béisbol. Coleton tenía 5 meses cuando asistió a su primera temporada de béisbol.

Como era entrenadora del equipo de mi hija, Coleton pasó este tiempo en las gradas, acurrucado en su cochecito, observando la acción y oyendo los aplausos, coros y el ruido del juego. Entre jugada y jugada, las chicas pasaban muchas veces por su lado y le entretenían intentando hacerle reír. Esa temporada conocí a una madre que tenía un bebé de la misma edad que Coleton. Siempre venía con su bebé sentado en el cochecito con el cinturón abrochado. Se quedaba allí, aparcado en el borde de las gradas. La posición reclinada de la silla sólo le permitía ver el cielo y los árboles. Si se inquietaba, su madre le ponía un biberón en la silla y él se lo bebía hasta que se quedaba dormido. Cuando hablé con esta madre, como hacen todas las madres de los jugadores de béisbol, me di cuenta de la enorme diferencia que había entre nosotras. Mientras que Coleton dormía a mi lado, tomando el pecho cada vez que lo necesitaba para calmarse, la otra madre practicaba una técnica de entrenamiento del sueño. Le ponía en su cuna a la hora de acostarse e ignoraba sus llantos hasta que se hacía de día para que aprendiese a calmarse y a quedarse dormido por sí solo.

Coleton y este otro bebé eran bebés tranquilos. Raramente se les oía llorar pero, según contemplaba los comienzos de sus vidas, me preguntaba cómo influirían estas experiencias en su futuro.

Los primeros días de la vida de Coleton estaban llenos de gente con caras felices, que le hacían todo tipo de arrumacos y caricias. Siempre estaba en medio de la actividad, no sólo disfrutando de la experiencia sino también observando a todo el mundo. Las noches no eran distintas de los días, siempre había alguien a su lado para atender sus llamadas. El otro bebé pasó sus primeros días atado en su cochecito, oyendo a la gente a cierta distancia, salvo cuando alguien se inclinaba para verle. Sus noches eran largas horas de soledad y sus llantos eran ignorados.

Los primeros días de Coleton estuvieron repletos de contacto humano, el mismo ambiente en el que viviría a medida que creciese. Al otro bebé se le inculcó independencia y soledad desde el principio. Sí, puede que ambos fueran bebés felices, pero vivían en mundos completamente distintos: uno en un mundo centrado en las personas y el otro apartado del resto de la gente. Me pregunto a mí misma cómo afectarán estas primeras experiencias a las vidas de los hombres en los que se convertirán. A medida que pasen los primeros meses de vida de tu bebé, dedica un tiempo a reflexionar sobre cómo le afectarán a largo plazo las acciones que lleves a cabo hoy día. Este proceso te ayudará a rechazar los consejos que no te resulten útiles a medida que trabajes en las soluciones de sueño.

Paciencia, paciencia, sólo un poco más de paciencia

Respira hondo y repite conmigo: «Esto también pasará». Ahora mismo te encuentras en medio del proceso y esto es duro, pero dentro de muy poco, tu bebé dormirá y tú también. Tus preocupaciones habrán pasado a la siguiente fase de esta magnífica, estimulante y valiosa experiencia a la que llamamos maternidad. Te deseo a ti y a tu familia una vida llena de amor y felicidad.

Para más información

Puedes leer las entrevistas de las madres del estudio en el sitio Web de la autora: www.pantley.com.

Si deseas obtener un catálogo gratuito de libros, vídeos, cintas y periódicos sobre maternidad, información sobre las charlas disponibles de Elizabeth Pantley o contactar con la autora, escríbele a:

5720 127th Avenue NE
Kirkland, WS 98033-8741
EE.UU.

Ponte en contacto con ella en:

elizabeth@pantley.com

O llamando al (línea gratuita sólo en los EE.UU.):

800-828-4833

Visita su sitio Web:

pantley.com

También puedes buscar en Internet los artículos de Elizabeth Pantley.

Índice alfabético

Índice alfabético

Índice alfabético

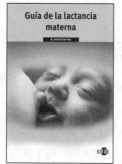

McGraw-Hill/Interamericana de España, S. A. U.
División Profesional
C/ Basauri, 17 - 28023 Aravaca. Madrid
Avda. Josep Tarradellas, 27-29 - 08029 Barcelona
España

☐ **Por favor, envíenme el catálogo de productos de McGraw-Hill**

Informática ☐   Economía/Empresa ☐   Ciencia/Tecnología ☐   Español ☐   Inglés ☐   Actúa

bre y apellidos _____

_____ n.º _____ C.P. _____

lación _____ Provincia _____ País _____

NIF _____ Teléfono _____

resa _____ Departamento _____

bre y apellidos _____

_____ n.º _____ C.P. _____

lación _____ Provincia _____ País _____

eo electrónico _____ Teléfono _____ Fax _____

McGraw-Hill QUIERE CONOCER SU OPINIÓN

ORMAS RÁPIDAS Y FÁCILES
SOLICITAR SU CATÁLOGO

**EN LIBRERÍAS
SPECIALIZADAS**

FAX
(91) 372 85 13
(93) 430 34 09

TELÉFONOS
(91) 372 81 93
(93) 439 39 05

E-MAIL
ional@mcgraw-hill.es

WWW
w.mcgraw-hill.es

¿Por qué elegí este libro?

☐ Renombre del autor

☐ Renombre McGraw-Hill

☐ Reseña de prensa

☐ Catálogo McGraw-Hill

☐ Página Web de McGraw-Hill

☐ Otros sitios Web

☐ Buscando en librería

☐ Requerido como texto

☐ Precio

☐ Otros

**Temas que quisiera ver tratados
en futuros libros de McGraw-Hill:**

_____

_____

_____

_____

_____

_____

_____

_____

libro me ha parecido:

Excelente ☐   Muy bueno ☐   Bueno ☐   Regular ☐   Malo ☐

entarios: _____
